लाइफ 0 से 100

शौर्य सिंह

आप इस किताब से क्या सीखेंगे:-

1. जीवन में सफल होने के लिए क्या आवश्यक है (डिग्री/स्किल)
2. कौन-कौन सी स्किल आपको सफल होने के लिए आवश्यक है
3. आप उस स्किल को कैसे आसानी से सीखेंगे
4. डायरेक्ट सेलिंग बिजनेस क्या है और इसका महत्व क्या है
5. अपनी सफलता के लिए अपना करियर विकल्प कैसे चुने
6. आप पैसे के बारे में बहुत कुछ सीखेंगे
7. आप निवेश के बारे में सीखेंगे
8. आप पैसे को मैनेज करना सीखेंगे
9. आप फाइनेंशियल मैनेजमेंट सीखेंगे
10. आप लीडरशिप के बारे में सीखेंगे
11. आप सेल्फ डेवलपमेंट के बारे में सीखेंगे
12. आप अपना लक्ष्य निर्धारण करना सीखेंगे और उसके साथ आप यह भी सीखेंगे कि उसे कैसे हासिल करें
13. आप अच्छी आदतें बनाना सीखेंगे
14. आप टाइम मैनेजमेंट सीखेंगे
15. आप अपनी सफलता के लिए सकारात्मक माइंड सेट विकसित करना सीखेंगे
16. आप सकारात्मक सोच की शक्ति के बारे में सीखेंगे
17. आप खुद के ऊपर विश्वास करना सीखेंगे
18. अब धैर्य रखना सीखेंगे
19. आप अपना एटीट्यूड बदलना सीखेंगे
20. आप इस प्रकृति से बहुत कुछ सीखेंगे

तो आप केवल एक किताब से इतने सारे कुछ सीखेंगे तो अभी आप क्या सोच रहे हैं आज से ही इस किताब को पढ़ना शुरू करें और मैं आपको पूरा विश्वास दिला सकता हूं आप इस किताब से बहुत कुछ सीखेंगे जो आपको कभी भी स्कूल और कॉलेज में नहीं सिखाई जाएगी चाहे आप कोई भी डिग्री ले ले या पीएचडी कर ले

यह किताब उन सभी लोगों को समर्पित है जो अपना जीवन बदलना चाहते सफल और महान बनना चाहते हैं

यह किताब आपके लिए क्या करेगी?

यह किताब आपके लिए एक रोड मैप का काम करेगी जिसके मदद से आप अपने लक्ष्य तक बहुत ही आसानी से पहुंच पाएंगे

सावधान

क्या यह किताब आपके लिए ही लिखी गई है?

इस किताब को पढ़ने से पहले रुक जाएं और अपने आप से एक छोटी सी सवाल करें क्या यह किताब मेरे लिए लिखी गई है अगर यह किताब आपके लिए नहीं है तो इसे पढ़ने से आपका समय बर्बाद होगा मैं आपको यह समझने में मदद कर सकता हूं कि यह किताब आपके लिए है या नहीं नीचे कुछ प्रश्न दिए जा रहे हैं अगर सभी प्रश्नों का उत्तर हां है तो यह किताब आपके लिए है और सभी प्रश्नों का उत्तर अगर नहीं है तो यह किताब आपके लिए नहीं है अर्थात इसको अभी ही रख दे इसे पढ़ कर अपना समय बर्बाद ना करें

1. क्या आप सफल होना चाहते हैं?
2. क्या आप आगे बढ़ना चाहते हैं?
3. क्या आप अमीर बनना चाहते हैं?
4. क्या आप इतिहास रचना चाहते हैं?
5. क्या आप अपनी जिंदगी बदलना चाहते हैं?

क्या आप अपने फील्ड के टॉप 1% लोगो मे आना चाहते है?

यदि आपके सभी सवालों का जवाब नहीं है तो यह किताब आपके लिए नहीं है इसे वापस कर दें लेकिन अगर आपके सभी सवालों का जवाब हां है तो आपको बहुत-बहुत बधाई यह किताब आपके लिए ही लिखी गई है यह आपका रोड मैप है और इस रोड मैप

को आपको जीवन भर अपने साथ ही रखना है और इसी रोड मैप के मदद से आप अपने जीवन में सफल बनेंगे आपको बस इस रोड मैप को फॉलो करना है और आगे बढ़ते जाना है इस प्रकार से आप अपने लक्ष्य को प्राप्त कर पाएंगे

यह रोड मैप आखिर क्यों बनाई जा रही है?

यह रोड मैप इसलिए बनाई जा रही है ताकि जितने भी लोग सफल होना चाहते हैं वह इस पर चलकर सफल हो सके बहुत सारे लोग अपने जीवन में सफल और कामयाब होना चाहते हैं लेकिन उनको सही रास्ता नहीं दिखने के कारण वह अपने जीवन में कुछ ज्यादा नहीं कर पाते हैं और इसके अलावा उनके पास कोई रास्ता ही नहीं रहता है अगर आपके साथ भी यही हो रहा है आप करना बहुत कुछ चाहते हैं पर अभी तक कुछ नहीं कर पाए हैं क्या करना है कैसे करना है कुछ समझ में नहीं आ रहा है तो यह किताब आपके लिए ही है आपको बस यह तीन काम करना है

1. लगातार सीखना है
2. योजना बनाना है
3. लगातार अपने योजना पर कार्य करना है

अगर आप यह तीन काम कर लेते हैं तो आपको परिणाम अपने आप मिलेगी परिणाम में आपको दो चीज मिल सकती है पहली चीज आपने जिसके लिए मेहनत की है आपको वह प्राप्त हो सकती है और दूसरी चीज आपको वह नहीं भी मिल सकती है जिसकी आपने इच्छा की थी और जिसके लिए अपने मेहनत किए थे लेकिन निराश होने की कोई बात नहीं है एक चीज आपको अवश्य मिलेगी और वह है कुछ नया सीख जिसके मदद से आप दोबारा सफल बनेंगे आप या तो सफल होते हैं या आप कुछ

नया सीख जाते हैं जो आपको सफल होने में मदद कर सकती है इसलिए इसमें घबराने की कोई बात नहीं है या तो आप जीतेंगे या आप कुछ नया सीखेंगे

मेरे दिल की बात

आज से कुछ साल पहले मैंने एक किताब पड़ी थी जिसका नाम था इकिगाई यह एक पावरफुल जापानी टेक्निक्स है इकिगाई का अर्थ होता है आपके जीवन का उद्देश्य क्या है आपके जीवन का मिशन क्या है आप अपने जीवन में क्या करना चाहते हैं आपके जिंदा रहने का क्या कारण है आखिरकार आप जिंदा क्यों रह रहे हैं

(रिसर्च के अनुसार जिनके पास अपने जीवन मे मजबूत कारण, कोई मिशन, कोई महान लक्ष्य, कोई महान उद्देश्य नहीं होता है वे लोग उन लोगों के अपेक्षा कम जीते हैं जिनके पास मजबूत उद्देश्य, लक्ष्य और, मिशन होता है) आपके पास सुबह उठने का कोई कारण होना चाहिए 99% लोगों के पास सुबह उठने का कोई कारण ही नहीं होता है वह लोग इसलिए सुबह उठते हैं क्योंकि सुबह हो गई है अपने जीवन में क्या करना है क्या बनना है क्या प्राप्त करना है कहां पहुंचना है कुछ पता नहीं है इसलिए ज्यादातर लोग अपने जीवन में कुछ नहीं कर पाते हैं आपको यह स्पष्ट होनी चाहिए मुझे आज क्या करना है मुझे इस सप्ताह क्या करना है मुझे इस महीने क्या करना है मुझे इस साल क्या करना है मुझे अपने जीवन में क्या करना है मुझे अपने जीवन में क्या प्राप्त करना है तब जाकर आप कुछ प्राप्त कर पाएंगे

मेरा इकिगाई (उद्देश्य, मिशन, महान लक्ष्य) क्या है

- सबसे पहले मैं इंसान हूं और इसलिए मुझे इंसानियत का धर्म निभाना चाहिए मैं इस प्रकृति के लिए बहुत कुछ करना

चाहता हूं बहुत सारे पेड़ पौधे लगाना चाहता हूं मैं चाहता हूं हम सभी को शुद्ध पानी शुद्ध हवा और शुद्ध भोजन मिले इसके लिए हमें पृथ्वी को शुद्ध रखना पड़ेगा और यह हर इंसान का धर्म है आप सभी लोग भी मेरी मदद कर सकते हैं आप सभी लोग पेड़ लगा सकते हैं

- सबसे पहले मैं इंसान हूं इसलिए मैं जानवरों के लिए भी बहुत कुछ करना चाहता हूं उनको बचाना चाहता हूं मैं यहां पर मानवता का धर्म निभा रहा हूं और यह हम सभी को निभानी चाहिए आप जानवरों से प्यार करें

- सबसे पहले मैं इंसान हूं इसलिए मुझे और सभी लोगों को आगे बढ़ाने में सफल और कामयाब होने में मदद करनी चाहिए हमें एक दूसरे से प्यार करनी चाहिए हमें प्यार फैलानी चाहिए मैं चाहता हूं मैं अपने जीवन में बहुत सफल और कामयाब बानो और बहुत सारे लोगों को आगे बढ़ाने में मदद कर पाऊं

मैं शिक्षा के क्षेत्र में बहुत बड़ा क्रांति लाना चाहता हूं मैं इस पूरे शिक्षा तंत्र को बदलना चाहता हूं ताकि लोग जो पढ़े वो उनके जीवन में काम आए आजकल तो जो स्कूल और कॉलेज में पढ़ाया जा रहा है वह जीवन में काम ही नहीं आ रहा है केवल समय की बर्बादी है स्कूल और कॉलेज

तो दोस्तों यही है मेरे जीवन का उद्देश्य, लक्ष्य और मिशन या काम आप जो चाहे वह कह ले तो दोस्तों आप सभी लोग भी मेरी मदद करें धन्यवाद

> "अगर आपके जीवन में कोई भी महान लक्ष्य, उद्देश्य और कारण कोई भी मिशन नहीं है तो आप मनुष्य के योनि में जन्म लेने के बाद भी कीड़े मकोड़े का जीवन जी रहे हैं......शौर्य"

अंतर्वस्तु

खंड 1

जितना बड़ा विरोध और संघर्ष उतनी बड़ी सफलता

> "यदि आज आपका विरोध हो रहा है मतलब कि आप संघर्ष ज्यादा कर रहे हैं और यदि अगर आप संघर्ष ज्यादा कर रहे हैं तो आपको सफलता भी ज्यादा बड़ी मिलने वाली है......शौर्य"

दोस्तों कुछ भी शुरू करने से पहले क्या आप एक छोटी से प्रश्न का जवाब देंगे इस दुनिया में किसी भी व्यक्ति का विरोध कब होता है?

आप लोग पता नहीं क्या सोच रहे होंगे पर मेरे नजरों में अगर किसी भी व्यक्ति का विरोध हो रहा है तो वह व्यक्ति कुछ अलग कर रहा है उन लोगों से जो उसका विरोध कर रहे हैं नहीं तो उसका विरोध ही नहीं होता

अगर आप वही कर रहे हैं जो आपके घर वाले आपसे बोल रहे हैं तो आपका विरोध नहीं होगा लेकिन अगर आप कुछ अलग कर रहे हैं तो आपका विरोध अवश्य होगा अगर आपके सभी दोस्त नौकरी कर रहे हैं और आप बिजनेस के बारे में सोच रहे हैं तो आपका विरोध होगा सभी आपसे बोलेंगे तुम यह नहीं कर पाओगे तुमसे यह नहीं हो पाएगा लेकिन अगर आप नौकरी करेंगे तो लोग आपको कुछ नहीं कहेंगे क्योंकि आपके सभी दोस्त नौकरी कर रहे हैं तो आप बिल्कुल उनके जैसा ही है लेकिन जैसे ही अपने अलग होने की कोशिश की तो लोग आपका विरोध करेंगे आपका मजाक उड़ाएंगे आप पर हसेंगे अगर आज आपका विरोध हो रहा है तो आपको बहुत-बहुत धन्यवाद आप दुनिया के 99% लोगों के कैटेगरी से बाहर निकाल कर 1% लोगों के कैटेगरी में आ गए हैं जो कुछ नया करते हैं जो बड़ा सोचते हैं और बड़ा करते हैं जो इतिहास रचते हैं इसलिए आप भी इतिहास रचने वाले में शामिल हो गए हैं आपको बहुत-बहुत बधाई अब आप खड़े हो जाएं और अपना पीठ जोर-जोर से थपथपाएं और परमात्मा को धन्यवाद बोल जो उन्होंने आपको चुना इस महान कार्य के लिए

लेकिन अगर आपका विरोध नहीं हो रहा है तो आप गलत जगह पर फंस गए हैं कहीं आप भी वही तो नहीं कर रहे हैं जो सभी लोग कर रहे हैं लोगों से हटकर करें कुछ नया करें कुछ अनोखा करें कुछ अलग करें

> "यह दुनिया सभी लोगों का विरोध नहीं करती है यह दुनिया तो उन लोगों का विरोध करती है जो कुछ अलग करते हैं.... शौर्य"

एक जगह से आपका विरोध कभी नहीं होना चाहिए

बस एक जगह पर आपका विरोध कभी नहीं होना चाहिए और वह जगह है आपका दिमाग आप अपने दिमाग को अपने लक्ष्य के प्रति हमेशा सकारात्मक रखें दुनिया और लोगों का तो काम ही है आपके प्रति उल्टा सीधा बोलना क्योंकि अब आप उनके नजर में आ गए हैं आप अब उनसे अलग हो गए हैं आप यह समझ लेने की सभी महान और सफल लोगों के साथ ऐसा ही हुआ है उनका पूरी दुनिया ने विरोध किया है इसलिए कोई घबराने की बात नहीं है आपके साथ जो भी हो रहा है अच्छा हो रहा है और यह हर क्रांतिकारी के साथ हुआ है तो आपके साथ भी होगा इसके लिए आप हमेशा तैयार रहें और अपने दिमाग को हमेशा सकारात्मक रखें

> "अगर आप दुनिया के 99% लोगों से ज्यादा सफल होना चाहते हैं तो आपको वह करना पड़ेगा जो दुनिया के 99% लोग नहीं करते हैं.... शौर्य"

इन दो बातों को आप हमेशा याद रखें

4. जितनी ज्यादा आपकी विरोध होगी, जितना ज्यादा आप मेहनत और संघर्ष करेंगे, उतनी ही बड़ी आपको सफलता मिलेगी

5. अगर आप समाज से कुछ हटकर करते हैं कुछ नया करते हैं तब आपका विरोध होगा और संघर्ष आपकी बड़ी होगी और जितनी बड़ी संघर्ष होगी उतनी बड़ी इतिहास लिखा जायेगा

संघर्ष,दर्द =>परिवर्तन,बदलाव=>विरोध,मजाक,निंदा=> सफलता

आपके पहले दिन का सिख… (डे वन लर्निंग.)

1. अपने लक्ष्य और सपनों को इतना बड़ा कर लें कि आपकी सारी परेशानियां, संघर्ष, और लोगों का विरोध छोटे पड़ जाए

2. जब आप समाज से हटकर कुछ नया करेंगे, अलग करेंगे तो यह समाज आपका विरोध करेगी इसके लिए हमेशा तैयार रहें

3. जितना बड़ा संघर्ष होगा सफलता भी उतनी ही बड़ी होगी

4. अपने दिमाग को हमेशा सकारात्मक रखें यहां से आपका कभी भी विरोध नहीं होना चाहिए क्योंकि अगर आप यहां से हार जाएंगे तो आप असली में हार जाएंगे और अगर आप यहां से जीत जाएंगे तो दुनिया का कोई भी ताकत आपको हरा नहीं सकती है

5. आपने जो कुछ भी आज सीखा है सभी को अपने नोटबुक पर नोट करें

6. …………

7. …………

आपकी आज की कार्य योजना (एक्शन प्लान)

1. आप अपने आप से एक सवाल करें क्या विरोध सच में गलत है

2. आप जिस भी क्षेत्र में सफल और महान बनना चाहते हैं उसे क्षेत्र के दो महान लोगों का नाम बताएं जिन्होंने बहुत मेहनत किया बहुत संघर्ष किया उनका बहुत सारे लोगों ने विरोध किया उसके बाद भी उन्होंने इतिहास रचा उनकी कहानी पढ़ें कौन है वह दो लोग आपके क्षेत्र के

A……

B……

अपने क्षेत्र के टॉप 1% लोगो के श्रेणी में कैसे आएं

तो दोस्तों इस चैप्टर में हम यह सीखेंगे की अपने क्षेत्र के टॉप वन परसेंट लोगों के श्रेणी में कैसे आए हर इंसान यह चाहता है कि मैं अपने क्षेत्र के सबसे सफल और महान व्यक्ति बनु मुझे भी बहुत सारे लोग जाने, पहचाने और प्यार करें मेरा भी बहुत नाम हो चाहे वह कोई सा भी क्षेत्र हो हर इंसान की यही इच्छा होती है तो इस चैप्टर में हम यही सीखेंगे कि आप यह अपना सपना कैसे पूरा कर सकते हैं और आप भी अपने क्षेत्र के 1% लोगों में कैसे आ सकते हैं इस चैप्टर में आपको ऐसे टेक्निक्स बताएं जाएंगे जिसको आप आसानी से उपयोग कर पाएंगे आपको तो बस केवल दो ही काम करने हैं पहले इस बुक को ध्यान से पढ़ना है और दूसरा इस बुक में बताए गए हर एक टेक्निक का उपयोग करना है आपको मेरी तरफ से बहुत-बहुत बधाई क्योंकि आज आप कुछ ऐसा सिखाने वाले हैं जो आपका हर एक सपना को पूरा कर सकता है तो चलिए आगे बढ़ते हैं

सफल होने के लिए केवल एक सकारात्मक विचार, सोच की आवश्यकता है

एक इंसान को सफल होने के लिए बहुत सारी चीजों की आवश्यकता नहीं होती है उसे तो एक सही विचार की आवश्यकता होती है जिसे वह अपने दिमाग में सेट कर ले और यही विचार इंसान को सफल और महान बन सकती है क्योंकि हमारी जैसी विचार और सोच होती है हम वैसे ही बन जाते हैं तो यह सकारात्मक सोच और विचार का बीज कहां मिलेगा जिसे हम अपने दिमाग में बैठा पाए आपको अगर सफल बनना है और आप सफलता का बीज ढूंढ रहे हैं तो यह मिल जाएगा लेकिन इसके लिए आपको सफल लोगों के साथ रहना होगा, सफल लोगों से सीखना होगा, सफल लोगों को देखना होगा, सफल लोगों को सुनाना होगा, सफल लोगों को पढ़ना होगा, सफल लोगों से बातें करनी होगी, सफल लोगों के साथ बैठती होगी, सफल लोग जो करते हैं वही आपको करनी होगी,

आपने यह कहावत अवश्य सुनी होगी हम जिन पांच लोगों के साथ रहते हैं हम उन्हीं का औसत बन जाते हैं हम उन्हीं के जैसा बन जाते हैं जैसी संगत वैसी रंगत यह बात बिल्कुल सही है

यहां पर बहुत सारे लोगों को परेशानी होने लगती है कि आखिरकार वह सफल लोगों के पास पहुंचेंगे कैसे अगर वह पहुंच भी जाएं तो भी सफल लोग उनको अपना समय क्यों देंगे, वह आपको क्यों सिखाएंगे यह तो संभव नहीं लगता है कि आप डायरेक्ट जाकर सफल लोगों से सिखों और अमीर और कामयाब बने लेकिन दोस्तों अगर आपके अंदर सफल होने के लिए प्रबल इच्छा शक्ति है तो दुनिया के कोई भी ताकत आपको रोक नहीं सकती है सफल और कामयाब होने से तो दोस्तों मैं अब आपके सामने अब एक ऐस टेक्निक्स शेयर करने वाला हूं जिसका उपयोग मैं कई वर्षों से करते आ रहा हूं और इसके मदद से आप भी बहुत कुछ सीख

पाएंगे इसका उपयोग सभी लोग कर सकते हैं चाहे वह दुनिया के किसी भी कोने से हो उसके पास बस केवल इंटरनेट और मोबाइल फोन उपलब्ध होना चाहिए इन दोनों की मदद से कुछ भी प्राप्त किया सकता है तो यह रही वह टेक्निक......

जीवन बदल देने वाला त्रिभुज

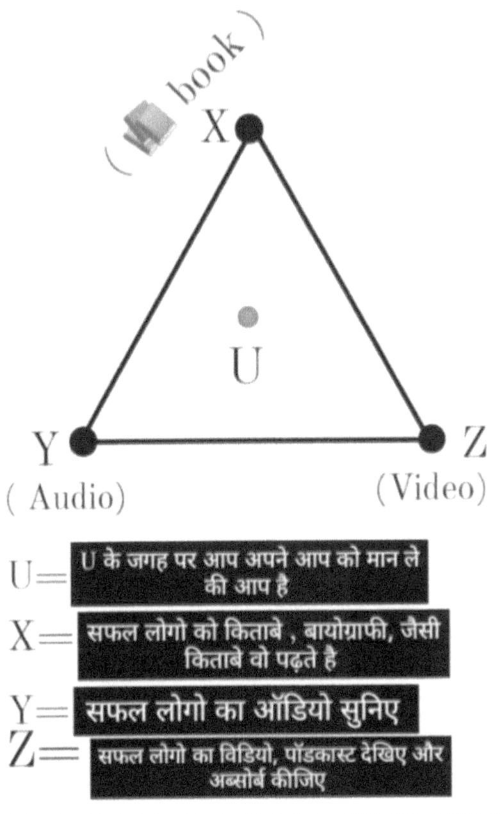

(मेरे जिंदगी की अभी तक की सबसे बड़ी सीख और सबसे बड़ी खोज है यह जो किसी भी व्यक्ति की जिंदगी 100% बदल सकती है)

तो अब हमें यह सीखना है कि इसका उपयोग कैसे करें और सफल और कामयाब लोगों के जैसा कैसे बने 3 स्टेप में हम यह सीखेंगे कि इसका उपयोग कैसे करना है

(1). स्टेप नंबर 1...

आप जिस भी फील्ड में सफल होना चाहते हैं, आगे बढ़ना चाहते हैं कामयाब होना चाहते हैं चाहे वह कोई सा भी फील्ड (क्षेत्र) हो (शिक्षा, स्वास्थ्य, व्यवसाय, इंजीनियरिंग, राइटिंग, स्टार्टअप्स, इत्यादि) उसे फील्ड के टॉप 10 सफल और महान लोगों का लिस्ट तैयार करें

    1. ....
    2. ....
    3. ....
    4. ....
    5. ....
    6. ....
    7. ....
    8. ....
    9. ....
  10. ....

(2). स्टेप नंबर 2...

आपके अपने फील्ड के सफल और महान लोगों के दोबारा लिखी गई किताबें पढ़ें, उनके ऊपर लिखी गई किताबें पढ़ें, उनका बायोग्राफी पढ़े, वह जैसी किताबें पढ़ते हैं वैसी किताबें पढ़ें, उनके जैसा किताबें पढ़ने से आपकी मानसिकता भी उनके जैसा ही बनने लगेगी आप भी अब उनके जैसा ही सोचने लगेंगे आपका आंतरिक रूप से परिवर्तन उनके जैसा होने लगेगा पहले आंतरिक रूप से परिवर्तन होगा उसके बाद बाहरी रूप से आप परिवर्तित

होंगे उनके जैसा सबसे पहले आपकी सोच बदलेगी और जैसा आप सोचेंगे वैस ही आप कार्य करने लगेंगे और जैसा आप कार्य करेंगे आपको परिणाम भी वैसा ही मिलेगा और अगर आप उनके जैसा करेंगे जिनके जैसा बनना चाहते हैं तो आप उनके जैसा ही बन जाएंगे और आप धीरे-धीरे सफल हो जाएंगे बिल्कुल उनके जैसा ही आपको केवल धैर्य रखें रखना है और लगातार कोशिश करनी है (इसके बारे में विस्तृत चर्चा हम हैबिट वाले चैप्टर में करेंगे)

(3). स्टेप नंबर 3...

अपने फील्ड के सफल लोगों का वीडियो देखें, उनका पॉडकास्ट देखें और ध्यान से सुने समझे उनके बातों को समझने की कोशिश करें अपने सोशल मीडिया पर अपने क्षेत्र के सफल लोगों को ही फॉलो करें क्योंकि आपके जीवन का असली हीरो वही है

आप सफल लोगों की किताबें पढ़ने से, उनकी जीवनी बायोग्राफी पढ़ने से, और उनके द्वारा पढ़ी जाने वाली किताबें पढ़ने से, उनके ऑडियो वीडियो पॉडकास्ट देखने से और सुनने से आप उनके संगत में ही रहते हैं उनके जैसी मानसिकता है वैसी मानसिकता आपकी भी डेवलप हो रही है ऑडियो वीडियो और किताब के माध्यम से और यदि आपकी मानसिकता उनके जैसा बन गई तो आप उनके जैसा बन जाएंगे

"अगर आप सफल होना चाहते हैं तो दुनिया के टॉप 10 सफल लोगों का लिस्ट तैयार कर ले और उनकी सभी सफल आदतों को कॉपी कर ले और आप भी वही करने लगे जो सफल लोग करते हैं इस तरह से आप बहुत ही आसानी से सफल लोगों के जैसा बन जाएंगे सफल होना बस इतना ही आसान है सफल लोगों के जैसा आदत बनाओ और सफल हो जाओ..... शौर्य"

नोट.. आप अपने सोशल मीडिया अकाउंट पर भी वैसे लोगों को केवल फॉलो करें जो आपको कुछ सीखा सकते हैं

छोटे-छोटे बदलाव ही बड़े बदलाव को जन्म देते हैं.....

बहुत सारे लोग यहां पर अब यह सोच रहे होंगे कि क्या होगा यह करने से किताबें पढ़ने से, वीडियो ऑडियो सुनने से, पॉडकास्ट देखने से सकारात्मक लोगों के संपर्क में रहने से उनसे दोस्ती करने से क्या होगा आप में से बहुत सारे लोगों के दिमाग में यही बात चल रही होगी पर मेरी दोस्त यह ना भूले की छोटे-छोटे बदलाव करके ही हम अपने आप को पूरी तरह से बदल सकते हैं और यह सब सुनने से पढ़ने से देखने से आपके आंतरिक रूप से बदलाव होने शुरू हो जाएगी अभी आप में से बहुत सारे लोग भी इसके बारे में सोच रहे होंगे पर यह करके देखिए आप अपने अंदर सकारात्मक परिवर्तन पाएंगे सफल लोगों के संपर्क में रहने में उनकी किताबें पढ़ने से ऑडियो वीडियो सुनने से आपकी सोच पूरी तरह से बदल जाएगी और मेरे दोस्त सारा का सारा खेल आपके दिमाग और आपकी सोच पर ही निर्भर करता है अगर आप जो सोच सकते हैं और जिसमें अटूट विश्वास रख सकते हैं आप उसे अवश्य प्राप्त कर लेंगे दुनिया के 90% लोग तो खुद पर विश्वास ही नहीं कर पाते हैं कि वह कुछ कर पाएंगे उन्हें खुद पर भरोसा ही नहीं होता है कि मैं भी अमीर और कामयाब सफल बन सकता हूं इसलिए आपको खुद के ऊपर विश्वास रखना बहुत ज्यादा जरूरी है

इस दुनिया में किसी भी चीज का आविष्कार इंसान के सोच से हुआ है चाहे वह जो कुछ भी हो पहले कोई भी चीज इंसान के दिमाग में होती है उसके बाद वह असली दुनिया में बनती है चाहे वह कर हो टेलीफोन हो घड़ी हो बल्ब हो या जो कुछ भी हो पहले किसी न किसी व्यक्ति की दिमाग में वह चीज बनी होगी

चलिए अब आगे बढ़ते हैं आप सभी लोगों से मेरा कुछ सवाल है

1. क्या एक दिन जिम जाने से बॉडी बन जाएगी?
2. क्या एक दिन किताबें पढ़ने से आप ज्ञानी बन जाएंगे?
3. क्या एक दिन कोशिश करने से आपको सफलता मिल जाएगी?
4. क्या 1 दिन में अपने चलना बोलना सीख लिया था?
5. क्या केवल एक दिन हेल्दी भोजन खाने से आप स्वस्थ हो जाएंगे?
6. एक दिन पढ़ाई करने से आप टॉपर बन जाएंगे?
7. 1 दिन सिगरेट और एल्कोहल पीने से बीमार पड़ जाएंगे क्या?

आप सभी का जवाब होगा नहीं क्योंकि आप सभी लोग जानते हैं कि एक दिन में कुछ नहीं होता है लेकिन इस चीज को लगातार किया जाए बार-बार किया जाए दोहराया जाए तो रिजल्ट अवश्य आता है 1 दिन में कोई सफल नहीं बनता है लेकिन अगर वह लगा रहे लगातार मेहनत करता रहता एक दिन अवश्य वह सफल होगा, कोई भी बड़ा से भी बड़ा परिवर्तन एक दिन में नहीं होता है लेकिन लगातार कोशिश करने पर एक दिन अवश्य हो जाता है यही आपके साथ भी होगा आप एक दिन में ही सफल और महान नहीं बन जाएंगे लेकिन आज का आपका निर्णय आपको अगले कुछ सालों के अंदर आपको सफल बना सकता है

आप यह सभी हमारे प्रकृति से भी सीख सकते हैं कोई भी वृक्ष एक दिन में ही विशाल नहीं बन जाता है उसे विशाल बनने में वर्षों लगते हैं ऐसा आपने कभी नहीं देखा होगा कि आपने आज बीज को मिट्टी में लगाए और कल ही वह विशाल वृक्ष बन जाए ऐसा ना कभी हुआ है प्रकृति में और ना ही कभी होगा हमारा जीवन भी ऐसा ही है इसको मैगी मत समझिए कि 2 मिनट में तैयार हो

जाएगा आपको वर्षों लग जाएंगे आपको लगातार कोशिश रहना है लगातार मेहनत करते रहना है और धीरे-धीरे आगे बढ़ते रहना है और एक दिन आप अपने आप को सफल होते हुए देखेंगे

(जब आप लगातार सफल लोगों को सुनेंगे उनको देखेंगे उनको पढ़ेंगे उनके ऑडियो वीडियो से लगातार सिखाते रहेंगे तो आपकी सोच भी उनके जैसा ही डेवलप होने लगेगी और आप उनके जैसा ही कार्य करने लगेंगे और एक दिन आप बिल्कुल उनके जैसा ही बन जाएंगे)

(एक चीनी कहानी)

एक बार की बात है चीन का एक सम्राट शतरंज के खेल से बहुत ज्यादा प्रेम करने लगा था उसे शतरंज का खेल बहुत ज्यादा प्रिया था वह हमेशा अपने मंत्रियों के साथ इस खेल करता था एक दिन उसके मन में यह विचार आया कि आखिरकार जो इंसान इस इतनी शानदार खेल को बनाया है उसे आविष्कार दिया जाए उसने अपने मंत्रियों से बोल कि तुम सभी लोग जो और इस खेल को बनाने वाले को बुलाकर लाओ उसे पुरस्कार देना है सम्मानित करना है उसके मंत्री लोग चल दिए और खेल के आविष्कार करने व्यक्ति को बुलाकर लेकर आए राजा ने भारी दरबार में व्यक्ति से बोल आपको बहुत-बहुत धन्यवाद आपने इतनी शानदार और खूबसूरत खेल बनाया है यह मुझे बहुत ही पसंद है इसके लिए मैं

आपको कुछ पुरस्कार देना चाहता हूं मांगिए जो भी आप चाहते हैं मुझे से आज मांग लीजिए आविष्कारक ने बोला राजा साहब इसके लिए आपको बहुत-बहुत धन्यवाद पर मुझे कुछ ज्यादा नहीं चाहिए आप मुझे केवल चावल का दाना इस शतरंज खेल के सभी कारखाने में दे दें लेकिन शर्त यह है कि दूसरे कारखाने में उसके पहले वाले कारखाने से दोगुनी दाने होने चाहिए सभी लोग उस पर हंसने लगे केवल चावल मांग रहा है केवल चावल मांग रहा है हा हा हा हा हा बहुत बड़ा मूर्ख है यह इंसान हम लोगों ने नहीं सोचा था कि इतना मूर्ख होगा क्योंकि अगर मूर्ख होता तो वह आविष्कार कैसे कर देता चलो कोई बात नहीं जो मांग रहा है उसे वह दिया जाए राजा साहब ने बोला आप मुझे से सोने चांदी हीरे जो चाहे वह मांग सकते थे फिर आपने थोड़ी सी चावल ही क्यों मांगा और घमंड में आते हुए राजा साहब ने बोला मंत्री जाओ जाकर थोड़ा सा चावल लाकर इसको दे दो उतना में पूरा 64 कारखाने भर जाएंगे मंत्री गया और चावल लेकर आया और जैसा बोला गया था वैसे करने लगा पहले खाने में दो दाने दूसरे खाने में उसके दुगुनी दाने यानी कि चार तीसरी खाने में इसके दो गुने आठ दाने रखा गया और ऐसे ही आगे बढ़ाया गया शतरंज के दूसरे कतार के अंतिम खाने तक जाते जाते चावल की दोनों की संख्या 32768 हो गई थी जबकि अभी 48 खाने बाकी थे राजा को लग रहा था कि शायद हमने गलती कर दी है उसने अपने मंत्री से बोला की गणितज्ञ को बुलाकर लाया जाए गणितज्ञ सभा में उपस्थित हुआ गणितज्ञ ने राजा को यह बतलाया 64 खाने में कुल दानो की संख्या 18 मिलियन ट्रिलियन चावल होंगे यानी कि अगर आसान भाषा में इसको कहा जाए तो अभी पूरे धरती पर जितने चावल उपस्थित हैं उन सभी चावल के 10 गुना चावल आविष्कारक मांग रहा है आपसे उतने चावल तो पूरे धरती पर नहीं है राजा का सर चकरा गया और वह बेहोश हो गया

यहां से हम यह सीख सकते हैं कि एक छोटा सा परिवर्तन अगर लगातार होता रहे तो बहुत बड़ा परिवर्तन हो सकता है लेकिन लगातार होना बहुत जरूरी है

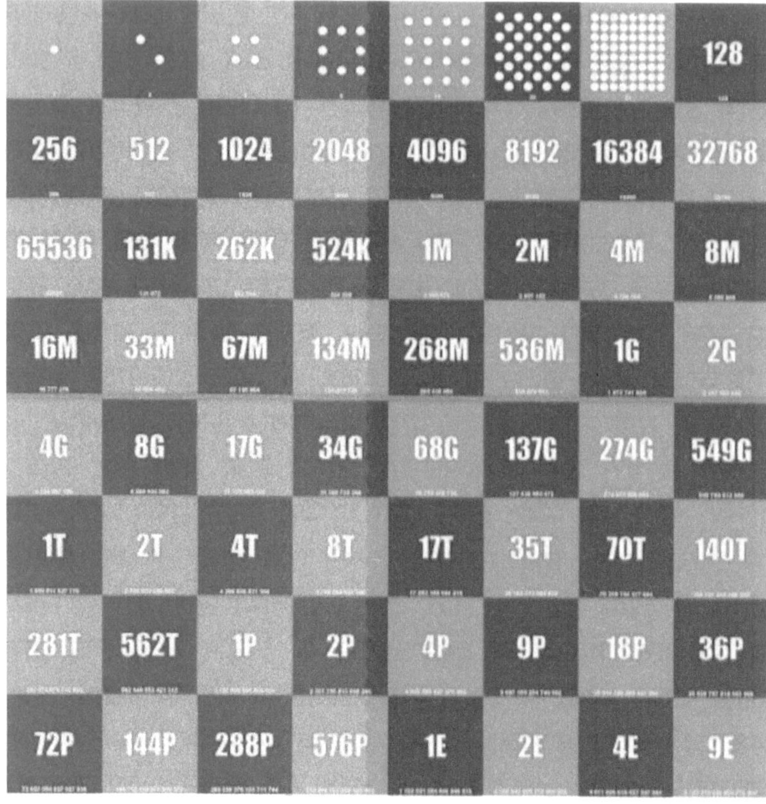

64वें खाने में कुल दोनों की संख्या:- 18446744073709600000

यदि एक चावल का भर 0.001 ग्राम होगा तो 64 में खाने में चावल का वजन 18446744073 मेट्रिक टन होगा जो अभी तक पूरे धरती पर भी उपलब्ध नहीं है

> "एक छोटी सी बीज के अंदर कितनी बड़ी वृक्ष छिपी होती है यह उसको भी मालूम नहीं होता है इसी तरह आपके भी अंदर अनलिमिटेड शक्ति है आप कुछ भी कर सकते हैं आप जो चाहते हैं उसे प्राप्त कर सकते हैं आप जो बनना चाहते हैं बन सकते हैं.... शौर्य"

डोमिनो इफेक्ट

अगर मात्र 2 इंच का छोटा सा डोमिनो अपने से 50% ज्यादा बड़े डोमिनो को गिरा देता है तो 18 वं डोमिनो लीनिंग टावर को गिरा देगा और 23 वा डोमिनो जो होगा एफिल टावर को गिरा देगा और 31 वा डोमिनो जो होगा उसकी ऊंचाई माउंट एवरेस्ट से 3000 फीट ऊंचा होगा और यह आश्चर्य की बात है कि 57 व डोमिनो जो होगा उसकी ऊंचाई लगभग पृथ्वी से चांद तक होगी जो लगता बिल्कुल असंभव है पर यह ऐसा ही होता है अब आप यहां पर यह देख सकते हैं कि एक छोटा सा परिवर्तन कितना बड़ा रिजल्ट उत्पन्न कर सकता है

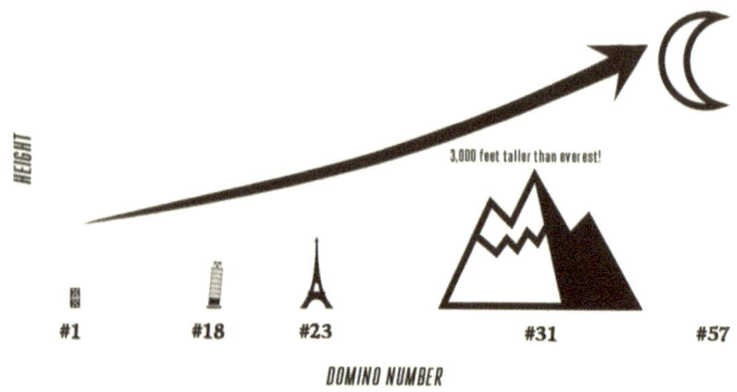
HEIGHT
3,000 feet taller than everest!
#1
#18
#23
#31
#57
DOMINO NUMBER

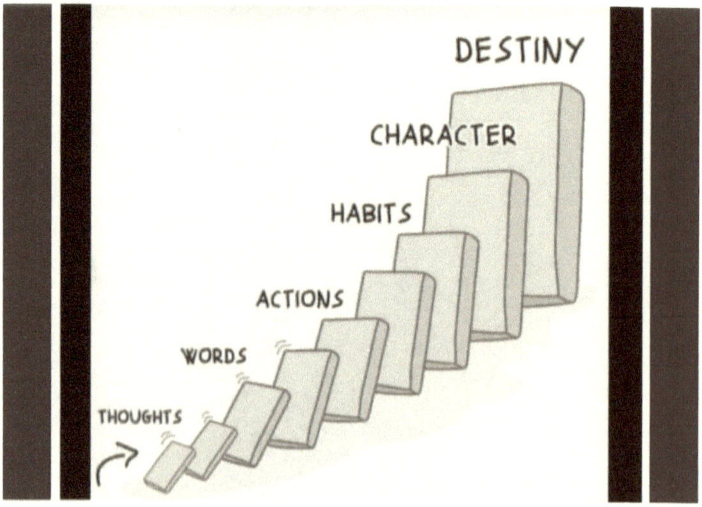

DESTINY
CHARACTER
HABITS
ACTIONS
WORDS
THOUGHTS

(प्रत्येक दिन 1% आगे बढ़ते जाना:- अगर कोई व्यक्ति अपने फील्ड में हर रोज एक परसेंट आगे बढ़े हर रोज कुछ नया सीखे हर रोज तो वह इंसान 3 महीने के अंदर (लगभग 100 दिन) पूरी तरह से बदल जाएगा उसकी आदतें पूरी तरह से बदल गई होगी)

1 वर्ष में हर रोज एक परसेंट आगे बढ़ना:- अगर आप हर रोज कुछ नया सीखने हैं अपने बीते हुए कल से आज मजबूत बनते हैं तो आप 1 साल के अंदर (365 दिन) अपने आज से 37.78 गुना बेहतर हो जाएंगे लेकिन इसके लिए आपको हर रोज एक परसेंट आगे बढ़ना होगा

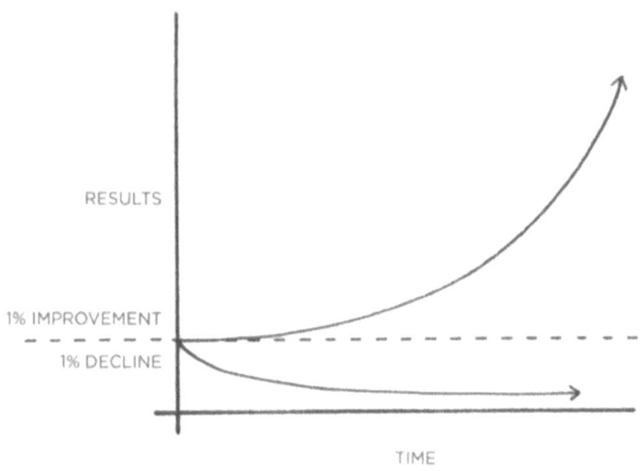

निष्कर्ष: -

A...यहां पर आपने यह देखा की लग रहा था शतरंज का आविष्कारक मूर्ख है लेकिन अंत होते-होते क्या हुआ शुरुआत बहुत ही छोटी थी पर अंत बहुत ही बड़ा हुआ

B...यहां पर आपने यह देखा की एक छोटा सा 2 इंच का डोमिनो अगर अपने से 50 परसेंट बड़े डोमिनो को गिरता है तो जो 57 व डोमिनो होगा उसकी ऊंचाई पृथ्वी से चंद्रमा तक होगी जो बिल्कुल भी असंभव लगती है शुरुआत बहुत ही छोटा था लेकिन लगातार था यह पावर होती है लगातार कोई भी कार्य करने की

C... यहां पर आपने यह देखा की कोई भी इंसान केवल अपना एक दिन बदलकर अपना पूरा जीवन बदल सकता है अगर वह प्रत्येक दिन एक परसेंट कुछ नया सीखे तो 1 साल के अंदर वह अपने आज से 37 गुना ज्यादा विकास कर लेगा

> "आप अपना पूरा ध्यान केवल आज को सुधारने पर लगाए कल की चिंता ना करें कल क्या होगा उसके बारे में न सोचें बस आपको हर सुबह उठने के बाद आज को सुधारने पर अपना ध्यान लगाना है केवल आज पर इस प्रकार से आप केवल अपना एक दिन बदलकर अपना पूरा जीवन बदल सकते हैं........ शौर्य"

(खरबो डॉलर का ज्ञान)

आपका भविष्य तीन चीजे निर्धारित करेगी कि आप भविष्य में क्या बनेंगे, क्या प्राप्त करेंगे आपकी इनकम कितनी होगी आपकी लाइफ स्टाइल कैसी होगी

1. आपकी संगति आप कैसे लोगों के साथ रहते हैं आपके दोस्त कैसे हैं वह क्या करते हैं उनका लक्ष्य क्या है वह क्या करने की सोचते हैं उनकी कैसी आदतें है सफल या असफल, आपके दोस्त सकारात्मक हैं या नकारात्मक, आपके दोस्त विकासशील मानसिकता के हैं या नहीं आपके दोस्त किताबें पढ़ते हैं या नहीं

2. आप कैसी किताबें पढ़ते हैं यहां पर किताबें पढ़ने का अर्थ यह नहीं है कि आपके स्कूल और कॉलेज की किताबें आपकी स्कूल और कॉलेज की किताबें की बात नहीं की जा रही है क्योंकि यह सब किताबें आपको अपने वास्तविक दुनिया का ज्ञान नहीं देती है यहां पर किताबें का अर्थ है सेल्फ हेल्प बुक, फाइनेंस रिलेटेड बुक, पर्सनल फाइनेंस, वर्ल्ड इकोनॉमिक्स, इन्वेस्टमेंट रिलेटेड बुक, मनी रिलेटेड बुक, स्पिरिचुअल बुक, सेल्फ डेवलपमेंट बुक, (दुनिया के 99% लोग स्कूल और कॉलेज की कोर्स, डिग्री कंप्लीट करने के बाद दूसरा कोई भी बुक उठते ही नहीं है वह इसी भ्रम में रहते हैं कि उनको सब आता है क्योंकि उनके पास डिग्रियां हैं उन्होंने कॉलेज पास कर ली है इसलिए दुनिया के 99% लोग एक साधारण जीवन जीते हैं जबकि 1% लोग यह जानते हैं कि स्कूल और कॉलेज की पढ़ाई केवल काफी नहीं है अमीर और सफल बनने के लिए इसलिए वह पढ़ना कभी नहीं छोड़ते हैं

3. आपका मार्गदर्शन कौन है, आपका मेंटर आपका गुरु कौन है आप किससे राय लेते हैं, आप किन लोगों से कुछ प्रश्न पूछते हैं, आप अपने जीवन का निर्णय किन लोगों से पूछ कर लेते हैं महाभारत में दुर्योधन शकुनी से पूछ कर कोई भी निर्णय लेता था और अर्जुन भगवान श्री कृष्ण से पूछ कर कोई भी निर्णय लेते थे और युद्ध का परिणाम क्या हुआ आप सभी जानते हैं इसलिए यह जरूरी है कि आप किस से सलाह लेते हैं

(यदि आप अपना वर्तमान सुधार लेते हैं तो आपका भविष्य अपने आप सुधर जाता है आपको तो अपना पूरा ध्यान अपने आज को सुधारने पर लगाना चाहिए न भविष्य की चिंता कीजिए और ना ही अतीत की चिंता कीजिए क्योंकि यह दोनों आपके हाथ में नहीं

है आपके हाथ में केवल वर्तमान है और आप केवल इसे ही सुधार सकते हैं और आप यदि इसको सुधार लेते हैं तो आपका जीवन अपने आप सुधर जाएगा जय श्री कृष्णा)...... भगवत गीता

आपके 2 दिन का सिख (डे 2 लर्निंग)

1. अगर आप अपने जीवन में कुछ बड़ा करना चाहते हैं तो अपने छोटे-छोटे चीजों को बदलना शुरू कर दें
2. छोटा-छोटा परिवर्तन मिलकर बड़ा परिवर्तन कर सकता है
3. अगर आप सफल होना चाहते हैं तो सफल आदतें बना ले
4. आप सफल लोगों की किताबें पढ़ें, उनके ऑडियो वीडियो और पॉडकास्ट देखें
5. अपने जीवन में छोटे-छोटे बदलाव वाला कर पूरी जिंदगी को बदला जा सकता है और अपने जीवन को आसान बनाया सकता है
6. अगर आप अपना सोच बदलने तो आपका जीवन अपने आप बदलने लगेगा क्योंकि जैसे आप सोचेंगे वैसे ही आप कार्य करेंगे और जैसे आप कार्य करेंगे आपको परिणाम वैसा ही मिलेगा
7. ....
8. ....
9. ....
10. ....(आज आपने जो सीखा अपने नोटबुक में उसे नोट करें)

आज की आपकी कार्य योजना (एक्शन प्लान, वर्क)

1. आप किस फील्ड में आगे बढ़ना चाहते हैं, सफल होना चाहते हैं, पहले अपना फील्ड चुने............
2. आप अपने फील्ड के टॉप 10 सफल लोगों का लिस्ट तैयार करें........

3. उनकी किताबें पढ़े उनका बायोग्राफी पढ़ें वह जैसी किताबें पढ़ते हैं वैसी किताबें आप पढ़े

4. उनका ऑडियो वीडियो पॉडकास्ट इंटरव्यू सुनते रहे देखते रहें

5. उनका ध्यान से ऑब्जर्व करें उनका ध्यान से देखें वह क्या करते हैं उन्होंने कौन-कौन से स्टेप लिया कैसे उन्होंने सफल और कामयाब बना उनकी कैसी आदतें हैं वह क्या करते हैं कैसे करते हैं

6. उनके आदतों का लिस्ट बनाएं और यह सभी आदतें अपने अंदर डेवलप करें

7. आज से ही आपके फील्ड के सफल लोग जो करते हैं वही कार्य करना आप आज से शुरू कर दें उनकी सारी आदतें अपने अंदर आज से ही डेवलप करना शुरू कर दें अपने लिए एक छोटा सा 30 दिन का चैलेंज शुरू करें जिसमें आप 30 दिन तक वही करेंगे जो आपके फील्ड के सफल लोग करते हैं उसके बाद इसे अपना लाइफ टाइम का हैबिट बना लीजिए इसे अपने पूरे जीवन कीजिए

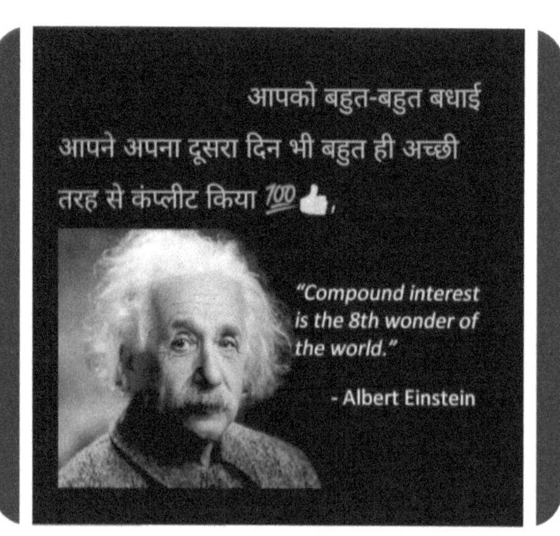

आप वास्तविक दुनिया में सफल किसके मदद से होंगे (डिग्री / स्किल)

मैं आप सभी से एक छोटी सी सवाल पूछना चाहता हूं एक सफल और महान व्यक्ति बनने के लिए क्या चाहिए.........?

आप में से बहुत सारे लोग अब यह सोचेंगे सफल होने के लिए डिग्रियां चाहिए, बहुत पढ़ा लिखा होना चाहिए, पीएचडी करना चाहिए, एमबीए करना चाहिए, स्कूल और कॉलेज में अच्छा नंबर लाना चाहिए बहुत अच्छी सी पढ़ाई करनी चाहिए स्कूल जाना बहुत जरूरी है कॉलेज जाना बहुत जरूरी है अच्छा नंबर लाना बहुत जरूरी है डिग्री लेना बहुत जरूरी है और न जाने क्या-क्या आप सोच रहे होंगे जो कि यह सारी बातें बिल्कुल भी सही नहीं है पूरी तरह से गलत है झूठ है यह सब आपकी आंखों में धूल झोंक गया है हमारी सफलता का हमारे डिग्री डिप्लोमा से कोई संबंध ही नहीं है अगर आपने अच्छी तरह से स्कूल में पढ़ाई की

है कॉलेज में पढ़ाई की है आपके पास डिग्रियां हैं तो यह अच्छी बात है इसमें कोई बुराई नहीं है गलत बात नहीं है लेकिन केवल स्कूल और कॉलेज की पढ़ाई से आप वास्तविक दुनिया में सफल नहीं बन पाएंगे क्योंकि हमें वह चीज स्कूल और कॉलेज में कभी सिखाएं ही नहीं जाती जो रियल लाइफ में काम आए और जो स्कूल और कॉलेज में सिखाई जाती है वह वास्तविक दुनिया में काम नहीं आती है

अगर सफलता का आपकी पढ़ाई और डिग्रियों से संबंध रहता तो दसवीं फेल सचिन तेंदुलकर कभी भी क्रिकेट का भगवान नहीं बन पाते थॉमस एडिसन जिन्होंने बल्ब का आविष्कार किया जिन्हें बचपन में मानसिक रूप से कमजोर मंदबुद्धि और पागल समझ जाता था जिन्होंने अपनी पढ़ाई अधूरी ही छोड़ दी वह आज बल्ब का आविष्कार नहीं कर पाते और ना ही बल्ब का बिजनेस कर पाते अगर पढ़ने से कोई सफल हो जाता अल्बर्ट आइंस्टीन ने भी अपनी पढ़ाई छोड़ दी थी क्योंकि उनके स्कूल के टीचर ने उन्हें मानसिक रूप से कमजोर और पागल समझ लिया था और उनके माता को एक पत्र लिखा था कि हम आपके बच्चे को अब यहां पर नहीं पढ़ाएंगे यह पढ़ने के लायक नहीं है यह कुछ नहीं कर पाएगा एलोन मस्क जिन्होंने ऐसा रॉकेट बनाया जिसका उपयोग कई बार किया जा सकता है उनके पास कोई भी रॉकेट साइंस की डिग्री नहीं है उन्होंने खुद बुक पढ़ पढ़ के यह सब सीखा है आप सभी जानते हैं मार्क जुकरबर्ग और बिल गेट्स ने अपना ग्रेजुएशन पूरा नहीं किया, और भी बहुत लोग जिनका नाम भी यहां पर नहीं लिखा जा सकता क्योंकि अगर ऐसे ही चुन चुन कर नाम लिखा जाए तो पूरा किताब केवल नाम से ही भर जाएगा ऐसे बहुत लोग हैं जिन्होंने अपने जीवन में बहुत बड़ी महान सफलता हासिल की लेकिन उनके पास कोई बड़ी-बड़ी डिग्रियां नहीं थी क्योंकि डिग्री का संबंध हमारे सफलता से हैं ही

नहीं यहां पर मेरे कहने का अर्थ यह नहीं है कि आप पढ़े लिखे नहीं पढ़ना लिखना बंद कर दें एक नजर से देखा जाए तो स्कूल और कॉलेज की पढ़ाई भी सही है लेकिन आप यह सोचकर स्कूल और कॉलेज की पढ़ाई मत कीजिए कि केवल स्कूल और कॉलेज में आप पास हो गए मतलब आप जीवन में सफल हो गए स्कूल कॉलेज जाना अच्छी बात है पढ़ना अच्छी बात है नंबर लाना डिग्री लेना भी अच्छी बात है लेकिन इसका संबंध आपकी सफलता से नहीं है नहीं है नहीं है यह केवल समय की बर्बादी है आपके पैसे की बर्बादी है

ऐसे बहुत सारे लोग हैं जो अपने क्षेत्र में नंबर वन है बहुत सफल और कामयाब है लेकिन उनके पास कोई स्कूल और कॉलेज की डिग्रियां नहीं है इस बात से यह निष्कर्ष निकलता है कि स्कूल और कॉलेज आपको रियल लाइफ में सफल बना देगी इसकी कोई गारंटी नहीं है

तो चलिए दोस्तों आगे बढ़ते हैं यहां पर मैंने यह समझने की कोशिश की है कि आपकी सफलता का संबंध आपके स्कूल और कॉलेज की डिग्रियों पर नहीं है मैं यह नहीं बोल रहा हूं कि पढ़ना नहीं है क्योंकि मैं भी हर रोज पढ़ता हूं आपकी पढ़ाई केवल स्कूल और कॉलेज तक सीमित नहीं होनी चाहिए यह जीवन भर चलनी चाहिए तब जाकर आप अपने जीवन में सफल बनेंगे स्कूल और कॉलेज के सहारे मत बैठिए तो चलिए देखते हैं कि रियल लाइफ में आप सफल कैसे होंगे रियल लाइफ में सफल होने के लिए आपके अंदर ये चीज होनी चाहिए

1. कौशल (स्किल):- स्किल के साथ-साथ आपके अंदर और भी बहुत कुछ होनी चाहिए जिसके ऊपर चर्चा हम खंड 5 में करेंगे अभी हम इस चैप्टर में कौशल के बारे में बात करेंगे

2. विजन (दृष्टि):- मैंने बहुत सारे लोगों को अच्छी है उनके अंदर स्किल होती है लेकिन उनके अंदर विजन नहीं होती है जिसके कारण वह कुछ कर नहीं पाते हैं

3. तीव्र इच्छा:- तीव्र इच्छा आपके अंदर होनी चाहिए आपके लक्ष्य के प्रति इसे अगर आंतरिक प्रेरणा कहा जाए तो गलत नहीं होगा और यह चीज आपके अंदर कोई उत्पन्न नहीं कर सकता है इसके आप जिम्मेदार हैं

(डिग्री / स्किल)

डिग्री का पुरानी सोच और मायाजाल

दोस्तों मेरी नजर से अगर आज के समय में देखा जाएगा तो डिग्री रद्दी कागज के समान, एक कचरा और अनुपयोगी है जो हमारे जीवन में कहीं भी काम नहीं आता है लेकिन आज के समय में भी बहुत सारे लोग इसके पीछे ही भागते रहते हैं और अपना समय, अपना ऊर्जा और पैसा बर्बाद करते हैं इसके ऊपर गलती अगर देखा जाए तो इसमें आपकी भी नहीं है क्योंकि हमारे स्कूल कॉलेज, घर परिवार रिश्तेदार, दोस्तों से यही सुनने को मिलता है की पढ़ो लिखो अच्छा नंबर लाओ जॉब करो, कोई अच्छी सैलरी वाली नौकरी करो (9-5) उसके बाद घर खरीदो गाड़ी खरीदो शादी करो बच्चे पैदा करो उनको पढ़ाओ लिखाओ उनकी शादी करो और बस होगया तुम्हारा काम अब जो करना है वो करेंगे और अब मर जाओ ख़तम खहानी हमें बस इतना ही सिखाया जाता है जो की पूरी सचाई नहीं है और यह केवल इतनी सी ज्ञान काफ़ी नहीं है एक सफल जीवन जीने के लिए अब आप निर्धारित कीजिये आपको अपना जीवन जीना है या कटना है अगर जीवन जीना है तो इतनी सी ज्ञान से कुछ नहीं होगा और अगर आप अपना जीवन किसी तरह बस काटना चाहते है तो इतना ज्ञान आपके लिए बहुत है अपने बहुत कुछ कर लिया

> "डिग्री लेने से कोई सफल और महान नहीं होता है इससे आप केवल एक नौकरी जरूर ढूंढ़ सकते है..... शौर्य"

100 साल पुरानी सोच अब किसी काम की नहीं रही:-

देखिए यह जो लोगों का सोच है ना पढ़ो लिखो अच्छा नंबर लाओ कोई नौकरी करो यह गलत नहीं है बहुत सारे लोग आपको बोलेंगे नौकरी करना गलत है गलत है लेकिन नौकरी करना गलत नहीं है लेकिन अगर इस समय को देखा जाए तो इस समय के अनुसार नौकरी करना बहुत गलत है आज से 100 साल पहले नौकरी करना अच्छी बात थी और बहुत बड़ी बात थी लेकिन अब समय बदल गया है यह सोच 1920 से 30 के बीच की है जितने भी लोग 1920 से 30 से पहले जन्म लिए थे उनके लिए यह अच्छी सलाह है की पढ़ाई लिखाई करो अच्छा नंबर लाओ डिग्री लो कोई सुरक्षित नौकरी करो लेकिन आज के समय में कोई भी नौकरी सुरक्षित नहीं है लेकिन आज के समय में टेक्नोलॉजी इतनी तेजी से आगे बढ़ रही है कि कब क्या हो सकता है यह किसी को पता नहीं है आपकी नौकरी आज है पर कल रहेगी इसकी गारंटी कोई नहीं दे सकता है ना ही सरकार और ना ही आपका बॉस क्योंकि उनको भी नहीं है पता है कि कब क्या होगा जब औद्योगिक युग चल रहा था तो सभी लोग सरकार के ऊपर निर्भर थे और उस समय रिटायरमेंट प्लान, पेंशन, और बच्चों के लिए सुरक्षित नौकरी की व्यवस्था थी आप जब रिटायर होते थे तो आपको पेंशन मिलता था जिससे आप अपनी जीविका चला सके और अचानक नौकरी करते समय आपकी मृत्यु हो जाती थी तो आपके बच्चे को वह नौकरी मिल जाती थी लेकिन आज के समय में यह कहां है आज के समय में सरकारी नौकरी और प्राइवेट नौकरी में कोई अंतर नहीं है अब हम सूचना युग में आ गए हैं और टेक्नोलॉजी बहुत ही तेजी से बदल रही है इस युग में आपकी नौकरी सुरक्षित

है इसकी उम्मीद छोड़ दीजिए आप खतरे में हैं आपका परिवार खतरे में है आपका नौकरी खतरे में है क्योंकि कब क्या हो सकता है कोई नहीं जानता आप थोड़ा सोच कर देखिए अगर भविष्य में कोई ऐसा मशीन आ जाती है जो आपका काम कर सकती है तो आपका बस आपको जॉब पर क्यों रखेगा वह कोई इंसान को नहीं रखेगा वह हमेशा मशीन को ही चुनेगा.।

"अगर आप डिग्री के लिए भागोगे तो स्किल वालों के लिए काम करना पड़ेगा..... शौर्य"

स्कूल मे आपको नकली शिक्षा दिया जाता है:-

1. अपने कार चलाना कैसे सीखा था
2. आपने साइकिल चलाना कैसे सीखा था
3. अपने पानी में तैरना कैसे सीखा था

कोई किताब पढ़ कर या लगातार कोशिश करके सीख सीख कर आप सभी का जवाब होगा किताब पढ़ कर नहीं लगातार सीख कर दोस्तों यही तो मैं सीखना चाहता हूं उदाहरण के लिए मान लीजिए कोई लड़का है वह पानी में कैसे तैरना है इसके बारे में बहुत किताबें पढ़ा है उसके पास बहुत सारा ज्ञान है कैसे पानी में तैरना है(डिग्री) लेकिन अगर वह पानी में कूद जाए तो तैर नहीं पाएगा डूब जाएगा लेकिन जो लड़का किताब नहीं पढ़ा है लेकिन हर रोज तैरने की प्रैक्टिस की है वह बहुत ही आसानी से पानी में तैर लगा (यह है स्किल)

मैं यहां पर आपको यह समझने की कोशिश कर रहा हूं केवल किताबी ज्ञान स्कूल और कॉलेज के नंबर और डिग्रियां आपको वास्तविक दुनिया की ज्ञान नहीं देती है जो आपके जीवन में काम आए इसलिए यह नकली शिक्षा है आप केवल डिग्रियों के

मदद से अपने जीवन में सफल और कामयाब नहीं हो सकते हैं इसके लिए कुछ और चीज की जरूरत पड़ेगी और वह है स्किल (कौशल)

मैं बहुत सारे मूर्खों को यह कहते हुए सुनता हूं कि अगर आपको बिजनेस करना है तो आपको एमबीए करना चाहिए आपको एमबीए डिग्री लेनी चाहिए इसका कोई गारंटी नहीं है कि आप एमबीए करने के बाद बिजनेस कर पाएंगे यह आपके ऊपर निर्भर करता है

> "स्कूल और कॉलेज की शिक्षा (डिग्री) आपको एक नौकर बना सकती है उद्योगपति और अमीर व्यक्ति नहीं......
> शौर्य"

> "अगर आप पढ़ लिख कर भी नौकरी कर रहे हैं तो आपसे तो अच्छा वह इंसान है जो बिना पढ़े लिखे अपना खुद का काम और नौकरी कर रहा है......शौर्य"

स्किल (कौशल)

> "अगर आपको खाना बनाने आता है तो आप कभी भी खाली पेट नहीं मरेंगे और अगर आपको पैसा बनाने आता है तो आप गरीब कभी नहीं मारोगे......शौर्य"

देखिए यहां पर खाना बनाना और पैसा बनाना दोनों एक स्किल है और दोनों को सीख जा सकता है जैसे आप खाना बनाना सिखाते हैं वैसे ही आप पैसा बनाना भी सीख सकते हैं पैसा कमाना बहुत मुश्किल होता है क्योंकि इंसान पैसा अपने शरीर से कमाता है

काम करके लेकिन पैसा बनाना बहुत आसान होता है क्योंकि पैसा इंसान अपने दिमाग से बनता है

डिग्री वाले बेरोजगार और अपने जीवन में फेल हो सकते हैं लेकिन स्किल वाले कभी भी नहीं चलिए इसे समझने की कोशिश करते हैं मान लीजिए आपने कभी भी कार नहीं चलाई है आपको कार चलने नहीं आता है लेकिन आप इसके बारे में बहुत सारे किताबें पढ़े हैं आपके पास बहुत सारा किताबी ज्ञान है और अचानक आपको कार चलाने के लिए दिया जाए आप सड़क पर दुर्घटना कर सकते हैं लेकिन अगर आप सोच कर देखिए एक दूसरा व्यक्ति है जिसने कार कैसे चलना है इसके बारे में कोई पढ़ाई नहीं की है लेकिन वह चला चला कर सीखा है अगर उसे चलाने के लिए दिया जाए तो वह अच्छी तरह से इसे चला सकता है इसका अर्थ यही है कि अगर आप केवल स्कूल और कॉलेज की डिग्रियों से अपने लाइफ को चलाएंगे तो बहुत भारी दुर्घटना हो जाएगी (असफलता गरीबी निराशा परेशानियां)

कौन ज्यादा स्मार्ट है अगर अपने स्कूल कॉलेज जाकर अच्छा से नंबर लाकर अच्छी से पढ़ाई कर के अच्छा डिग्री लेकर एक नौकरी कर रहे हैं तो आपसे ज्यादा समझदार तो वह व्यक्ति है जो बिना पढ़े लिखे नौकरी कर रहा है

1. कारण नंबर 1:- आज के समय में सरकारी और गैर सरकारी नौकरी में कोई भी खास अंतर नहीं है क्योंकि पहले के समय में अगर आप सरकारी नौकरी करते थे और अचानक आपकी मृत्यु समय से पहले हो जाती थी तो वह नौकरी आपकी पत्नी को या आपके भाई को या आपके बच्चे को मिल जाती थी लेकिन आज के समय में ऐसा बिल्कुल भी नहीं है

2. करण नंबर 2:- रिटायरमेंट योजना, पेंशन पहले के समय में अगर आप सरकारी नौकरी से रिटायर होते थे तो आपको पेंशन मिलता था जिसके सहारे आप अपना बाकी का बचा हुआ जिंदगी जी पाते थे लेकिन आज के समय में पेंशन योजना भी नहीं है और है भी तो बहुत ही कम नौकरियों में और बहुत ही कम पैसा और महंगाई दर इतनी तेजी से बढ़ रही है कि उतने पैसे में आप कुछ नहीं कर पाएंगे ज्यादातर लोग तो अब इसी बात का डर सता रहा है कि अगर रिटायर होने के बाद उनका पैसा खत्म हो जाए तो अब वह क्या करेंगे इसी कारण आज के समय में हर एक व्यक्ति को आत्मनिर्भर बनना बहुत ज्यादा जरूरी है आपको सरकार पर आपको बॉस पर निर्भर नहीं रहना चाहिए और आत्मनिर्भर बनना बहुत आसान है बजाय इसके कि आप 60 से 70 साल किसी और के लिए काम करें

> "डिग्री वालों को जिंदगी बार-बार धोखा देती है और स्किल वालों को बार-बार मौका......शौर्य"

अब मैं यहां पर कुछ ऐसे स्किल(कौशल) आपके साथ शेयर करने वाला हूं जिसे आप अपने अंदर डेवलप कर सकते हैं

1. सेल्लिंग स्किल
2. मार्केटिंग स्किल
3. कम्युनिकेशन स्किल
4. लीडरशिप स्किल
5. टीमवर्क स्किल
6. इन्वेस्टिंग स्किल (निवेश)
7. फाइनेंशियल मैनेजमेंट स्किल

8. मनी मैनेजमेंट स्किल
9. पब्लिक स्पीकिंग स्किल
10. सेल्फ मैनेजमेंट स्किल
11. ऑनलाइन, डिजिटल मास्टरी, सोशल मीडिया स्किल
12. पीपल मैनेजमेंट स्किल
13. नेटवर्किंग, रिलेशनशिप स्किल
14. ह्यूमन साइकोलॉजी स्किल
15. पर्सनल ब्रांडिंग स्किल
16. पर्सनैलिटी डेवलपमेंट स्किल
17. डिसीजन मेकिंग स्किल
18. हाई स्पिरिचुअल कनेक्शन
19. रिजेक्शन हैंडलिंग स्किल, लर्न टू फेलियर
20. रिस्क मैनेजमेंट स्किल
21. प्रोबलम सॉल्विंग स्किल
22. ....

आपके तीसरे दिन का सिख (डे 3 लर्निंग)

1. स्कूल कॉलेज आपको एक सफल इंसान बना देगी इसकी कोई गारंटी नहीं है
2. स्कूल और कॉलेज में आपको वास्तविक दुनिया का शिक्षा नहीं दिया जाता है नकली शिक्षा दिया जाता है
3. आज के समय में आत्मनिर्भर बनना बहुत जरूरी है
4. आप अपने अंदर स्किल डेवलप करें केवल डिग्री से कोई कुछ नहीं कर पाएगा
5. ....आपने आज जो कुछ भी सीख उसको नोट करें

आपकी आज की कार्य योजना (एक्शन प्लान और वर्क)

1. आप अपने पढ़ाई के साथ-साथ अपने अंदर स्किल को डेवलप कीजिए आप पैसे के बारे में सीखिए आप निवेश के

बारे में सीखिए क्योंकि केवल स्कूल और कॉलेज से आप पैसे के बारे में कुछ नहीं सीख पाएंगे

तो यहां पर आपका इस पुस्तक का भाग 1 खत्म होता है

यहां तक पढ़ते रहने के लिए आपका बहुत-बहुत धन्यवाद और आप अभी अपने आप को धन्यवाद दें कि अपने पूरे ध्यान के साथ भाग 1 को अच्छी तरह से पढ़ा

खंड 2

इस खंड में हम सभी लोग सभी स्किल के ऊपर चर्चा करेंगे सभी को समझने की कोशिश करेंगे

सेल्लिंग स्किल

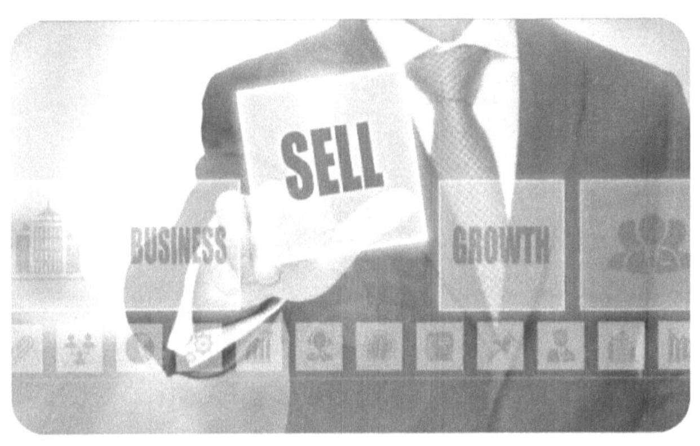

जब तक इस धरती पर इंसान रहेंगे तब तक सेल्स होता रहेगा खरीद बिक्री चालू रहेगी चाहे टेक्नोलॉजी कितना भी बढ़ जाए

सेल्स का अर्थ होता है बेचना कस्टमर को संतुष्ट करना कस्टमर को जो चाहिए उसे वह उचित मूल्य पर उपलब्ध कराना दो व्यक्तियों के बीच उत्साह के लेनदेन को सेल्स कहते हैं

सेल्स के बिना इस दुनिया के पूरे अर्थव्यवस्था की कल्पना भी नहीं की जा सकती है:-

क्या सेल्स की बिना आप इस दुनिया की कल्पना कर सकते हैं जरा सोच कर देखिए

1. क्या होगा जब कोई किसान अपना उत्पाद अपना अनाज किसी को भी ना बेचे?

2. क्या होगा जब पूरी दुनिया के दुकानदार अपना प्रोडक्ट बेचना बंद कर दें?

3. क्या होगा जब अमेजॉन, फ्लिपकार्ट, स्विग्गी, जोमैटो,..... जैसी बहुत सारी कंपनियां अपना प्रोडक्ट बेचना बंद कर दे?

4. क्या होगा जब एक डॉक्टर अपना इलाज करना बंद कर दें और दवा बेचना बंद कर दे?

5. क्या होगा जब एक शिक्षक पढ़ाना बंद कर दे?

6. क्या होगा जब बड़ी-बड़ी कंपनियां अपना सामान बनाना बंद कर देंगे और बचना भी बंद कर देंगे?

7. क्या होगा जब पुलिस वकील डॉक्टर शिक्षक अपना सेवा देना बंद कर दे?

8. क्या होगा जब एक देश का सामान दूसरे देश में न जाए खरीद बिक्री बंद हो जाए एक देश से दूसरे देश में?

आप जरा सोच कर देखें क्या होता अगर सेल्स नहीं होता अपने चारों तरफ नजर दौड़ा कर देखें आपके पास जितने भी वस्तुएं पड़ी है वह सब आपके पास उपलब्ध नहीं होती तो कैसा होता आपका जीवन अगर सेल्स नहीं होता तो आपके पास यह किताब नहीं पहुंचता, आपके घर में पंखे, टीवी, मोबाइल, लैपटॉप, कपड़े, जूते, बर्तन, टेबल, कुर्सी, नहीं होते जरा सोच कर देखिए सेल्स के बिना पूरी दुनिया नहीं चलेगी और पूरी अर्थव्यवस्था बर्बाद हो जाएगी चारों तरफ भुखमरी और बेरोजगारी फैल जाएगी इसीलिए सेल्स कभी भी बंद नहीं हो सकता है इसके तरीके बदल सकते हैं

> "इस धरती पर सभी लोग सेल्समैन है क्योंकि सभी लोग कुछ ना कुछ बेचते ही हैं..... शौर्य"

पैसा कैसे बनता है?

अगर आप ध्यान से देखें और समझने की कोशिश करें कि पैसा बनता कैसे हैं तो आप पाएंगे कि पैसा भी तभी बनता है जब कोई भी प्रोडक्ट या सर्विस का सेल होता है बिक्री होता है कोई उसे खरीदना है उसके बाद ही पैसा बनता है (इसलिए इस दुनिया के जितने भी अमीर लोग हैं वह सभी लोग कुछ ना कुछ बेचते हैं इसलिए अगर आपको भी अमीर बनना है तो आप बेचे बिना अमीर बन नहीं सकते आपको कुछ बेचना होगा) कुछ सेल हुए बिना पैसा भी नहीं बनता है आप अपने घर पर ही देख ले आपके घर में भी पैसा कैसे आता है आपके माता-पिता कुछ ना कुछ कार्य करते होंगे कुछ ना कुछ लोगों को देते होंगे सेवा या सर्विस उसी के बदले उनको पैसा मिलता है अगर आपके माता-पिता यह करना बंद कर दें तो पैसा आना भी बंद हो जाएगा चलिए उदाहरण द्वारा इसे समझने की कोशिश करते हैं

1. मान लीजिए कोई शिक्षक है उसके घर में पैसा कैसे आता होगा वह बच्चों को पड़ता होगा शिक्षा देता होगा उसके बदले बच्चे उसे पैसा देते होंगे

2. कोई डॉक्टर कैसे पैसा कमाता होगा जब कोई भी डॉक्टर किसी भी मरीज की सेवा करता है उसकी मदद करता है या दवा बेचता है उसके बदले वह पैसा कमाता है

3. एक दुकानदार कैसे पैसा कमाता होगा जब वह कोई सामान बेचता है उसके बदले वह पैसा कमाता है

4. अगर कोई व्यक्ति नौकरी कर रहा है तो वह अपना समय, और ऊर्जा बेचता है तब वह पैसा कमाता है

5. अगर कोई सेल्समैन है तो वह अपना कोई भी प्रोडक्ट बेचता है उसके बाद ही वह पैसा कमा पता है

6. चाहे आप दुनिया के कोई भी काम को उठा कर देख ले उसमें पैसा तभी बनेगा जब कोई प्रोडक्ट, सर्विस, ज्ञान, सेवा, का बिक्री (सेल) होगा

इसका निष्कर्ष यह निकलता है कि बिना सेल के पैसा भी नहीं बनाया जा सकता है तो अब आप समझ ही गए होंगे की सेल हमारे अर्थव्यवस्था के लिए कितना महत्वपूर्ण है और हमारे लिए भी चाहे हम कुछ भी करें नौकरी या व्यापार

> "सेल्स के बिना आप इस दुनिया के कल्पना नहीं कर सकते.... शौर्य"

आपके चौथे दिन की सीख (डे 4 लर्निंग)

1. पैसा भी तभी बनता है जब कोई प्रोडक्ट, सेवा, सर्विस का बिक्री होता है

2. अमीर बनने के लिए कुछ ना कुछ तो आपको बचना ही पड़ेगा

3. कोई भी सामान कैसे बेचे
   A......आप अपने कस्टमर से बातें करें उसकी पूरी बात को ध्यान से सुने और समझने की कोशिश करें उसकी समस्या क्या है उसको किस चीज की जरूरत है
   B......उसकी जरूरत और समस्या को ध्यान से पकड़ ले
   C......अपने प्रोडक्ट या सर्विस से उसको फायदा दिखा दे या उसका समाधान दिखा दे

इस प्रकार से आप कोई भी प्रोडक्ट बेच पाएंगे

आपकी आज की कार्य योजना

1. आप बिना कुछ भी प्रोडक्ट बेच बेचना कभी नहीं सीख सकते हैं क्योंकि किताब पढ़ कर कुछ भी सीखा नहीं जा सकता है आप आगे पढ़ते रहिए मैं आपको आगे बतलाऊंगा कहां से आप अपना सेलिंग स्किल डेवलप कर सकते हैं मेरे साथ बने रहिए

मार्केटिंग स्किल

अभी तक हमने यह देखा की सेल्लिंग कितना जरूरी है हम सभी के लिए अब यहां पर हम सभी लोग मार्केटिंग के महत्व को समझने की कोशिश करेंगे की सेल्स के लिए मार्केटिंग की भूमिका क्या है

अगर आपने कोई अच्छा प्रोडक्ट तैयार भी कर लिया है जिसे दुनिया की जरूरत है जिस प्रोडक्ट से बहुत सारे लोगों के समस्याओं का समाधान हो सकता है आखिरकार अब वह लोगों के पास पहुंचेगा कैसे लोग उसके बारे में जानेंगे कैसे तो हम सभी लोग मार्केटिंग के द्वारा लोगों को अपने प्रोडक्ट के बारे में बतलाएंगे अगर आपका प्रोडक्ट कितना भी जबरदस्त हो, चाहे कितना भी बढ़िया हो अगर

आप अपने कस्टमर को अपने प्रोडक्ट के बारे में समझा नहीं पाए फिर भी आपका बिजनेस फेल हो सकता है क्योंकि लोग आपके प्रोडक्ट के बारे में जानेंगे नहीं तो खरीदेंगे कैसे?

अगर मार्केटिंग कमजोर है तो आपका प्रोडक्ट बिकेगा ही नहीं आप अपना प्रोडक्ट बेच ही नहीं पाएंगे आप अपने आप से एक छोटी सी सवाल कीजिए की कोई भी व्यक्ति आपका प्रोडक्ट क्यों खरीदें इसी क्यों का जवाब उसे देना है अपने मार्केटिंग के द्वारा क्योंकि स्टीव जॉब कहते हैं कस्टमर को क्या चाहिए कभी-कभी यह उसे भी पता ही नहीं होता है तो यह समस्या का समाधान हम सभी लोग मार्केटिंग के माध्यम से करेंगे

मार्केटिंग क्या है?

मार्केटिंग का शाब्दिक अर्थ है विज्ञापन अपने प्रोडक्ट और सर्विस का प्रचार करना लोगों के सामने उसे प्रदर्शित करना लेकिन मेरी नजरों में इसका साफ-साफ यही अर्थ है कि अपने कस्टमर को यह बतलाना और समझाना कि आखिर वह आपका प्रोडक्ट क्यों खरीदें खरीदने के क्या-क्या फायदे हैं क्या उसके समस्याओं का समाधान आपके प्रोडक्ट से हो सकता है क्या उसे आपकी प्रोडक्ट की जरूरत है अगर कस्टमर आपका प्रोडक्ट नहीं करता है तो उसका क्या नुकसान हो सकता है यह सभी क्लियर कर देना आपके कस्टमर के सामने यही है मार्केटिंग

(मार्केटिंग => अपने कस्टमर का क्यों क्लियर करना आखिरकार क्यों वाह आपका प्रोडक्ट ख़रीदे)

आपका कस्टमर आपका प्रोडक्ट क्यों खरीदेगा??

अगर हम ध्यान से लोगों के साइकोलॉजी को समझने की कोशिश करें तो कोई भी व्यक्ति कोई भी प्रोडक्ट तभी ही खरीदता है

1. उसको उस प्रोडक्ट की जरूरत होगी
2. उसे प्रोडक्ट खरीदने से फायदा हो रहा है
3. उसे उस प्रोडक्ट की जरूरत है
4. उचित मूल्य पर मिल रहा हो
5. उसे कुछ नुकसान ना हो
6. उसे खरीदने से उसे कूल लगता हो

और भी बहुत कारण हो सकते हैं जिनके कारण कोई भी व्यक्ति कोई भी प्रोडक्ट को खरीदता है और इसी कारण को क्लियर करने के लिए कि आखिरकार वह आपका प्रोडक्ट क्यों खरीदें हम सभी लोग मार्केटिंग का उपयोग करते हैं

> "अगर आपको अच्छी तरह से मार्केटिंग करने आता है तो आप गंदे से गंदा प्रोडक्ट भी बेच सकते हैं और यदि नहीं आता है तो आप सोने चांदी भी नहीं बेच सकते हैं……शौर्य"

आपके पांचवें दिन के सिख (डे फाइव लर्निंग)

1. जो दिखता है वही बिकता है
2. आपके प्रोडक्ट में दम होनी चाहिए, अगर आपका प्रोडक्ट मे दम है और आपका प्रोडक्ट अच्छा है तो आपकी मार्केटिंग फ्री में ही हो जाएगा लोगों के द्वारा
(नेटवर्किंग प्रोडक्ट तैयार कीजिए जैसे मार्क जकार्वक ने फेसबुक बनाया और उसके बारे में केवल अपने दोस्तों को ही बतलाया था और उसके दोस्तों ने अपने दोस्तों को इसके बारे में बतलाया इस तरह से यह प्रोडक्ट नेटवर्क के द्वारा फैल गया पूरी दुनिया में)
3. नेटवर्किंग प्रोडक्ट तैयार करें ताकि आपका मार्केटिंग लोग ही कर दें आप अपना ध्यान प्रोडक्ट को बढ़िया बनाने पर लगाए

लीडरशिप स्किल

> "अगर आप सफल होना चाहते हैं अमीर बनना चाहते हैं केवल अपने लिए तो आपको लीडर बनने की आवश्यकता नहीं है लेकिन आप महान बनना चाहते हैं आप बहुत बड़ा संगठन खड़ा करना चाहते हैं बहुत बड़ी सफलता चाहते हैं तो आपको लीडर बनना होगा अपने क्षेत्र का......शौर्य"

लीडरशिप का अर्थ होता है नेतृत्व करना एक सफल लीडर अपने लिए तो बहुत कुछ करता है पर अपने साथ-साथ अपने देश के लिए अपने समाज के लिए अपने समाज के लोगों के लिए अपने टीम के लिए बहुत कुछ करता है उन सभी को आगे बढ़ाने में मदद करता है सभी को लेकर आगे बढ़ता है उन सभी को आगे बढ़ाने के लिए रास्ता दिखलाता है क्योंकि वह खुद उसे रास्ते पर

कई बार चला होता है कई बार गिरा होता है और गिर गिर कर सीखा होता है इसलिए एक महान लीडर यह सोचता है कि मैंने जो गलती है कि वह मेरे टीम के लोग ना करें और सभी लोगों का मार्गदर्शक बनता है सभी को मार्ग दिखाता है और उस पर चलना सिखाता है ताकि वह सभी लोग सफल बन पाए

बाकी सभी स्किल की तरह ही लीडरशिप भी एक बहुत ही महत्वपूर्ण स्केल है जो सभी महान और सफल लोगों में देखी गई है और आप भी अगर महान बनना चाहते हैं सफल बनना चाहते हैं तो आपको भी इस स्किल को डेवलप करनी होगी अपने अंदर

एक महान लीडर की आवश्यकता कहां है?

देखिए एक सफल महान और ईमानदार लीडर की आवश्यकता प्रत्येक देश, घर और सभ्य समाज में है एक महान लीडर की आवश्यकता हर वह जगह पर है जहां पर भी लोग रहते हैं क्योंकि एक महा लीडर अपने साथ पूरे समाज को बदलने की हिम्मत रखता है इसी कारण एक लीडर की आवश्यकता हर एक क्षेत्र में है चाहे वह क्षेत्र कोई सा भी हो चाहे वह खेल का चित्र हो चाहे वह राजनीति का क्षेत्र हो, चाहे वह विज्ञान और कल का क्षेत्र हो, चाहे वह डॉक्टरी का क्षेत्र हो, चाहे वह सैनिक का क्षेत्र हो, चाहे वह इंजीनियरिंग का क्षेत्र हो, चाहे वह कोई बिजनेस का क्षेत्र हो, चाहे वह कोई बड़ा संगठन का क्षेत्र हो, चाहे वह शिक्षा का क्षेत्र हो

तो एक महान लीडर की आवश्यकता हर एक जगह है एक समझदार लीडर ना होने के कारण बहुत सारे घर मैं बंटवारे हो जाते हैं, बहुत सारा बिज़नस बर्बाद हो जाता है, बहुत सारी टीम टूट जाती है, बहुत सारे देश बर्बाद हो जाते हैं देश के अंदर विवाद लड़ाइयां होने लगती है इसलिए एक समझदार ईमानदार और महान लीडर की आवश्यकता हर एक जगह पर है

या तो कोई इंसान लीडर है या जानवर

इस धरती पर कोई भी इंसान या तो वह लीडर हो सकता है या वह जानवर हो सकता है क्योंकि अगर आपकी सारी हरकतें जानवरों के जैसी है तो आप में और जानवरों में क्या अंतर है अगर आप वही कर रहे हैं जो सारे कीड़े मकोड़े सारे जानवर कर रहे हैं आप उनसे अलग कहां हुई आप उनसे अलग तब होंगे जब आप उनसे कुछ अलग करेंगे

हमें लीडरशिप जानवरों से अलग करती है क्योंकि हम अपने बारे में सोचते हैं अपने लिए बहुत कुछ करते हैं पर अपने साथ-साथ अपने समाज के लोगों के लिए भी बहुत कुछ करते हैं यही तो है लीडरशिप हम एक दूसरे से प्यार करते हैं हम एक दूसरे को सपोर्ट करते हैं एक दूसरे की मदद करते हैं सब के बारे में अच्छा सोचते हैं यही एक चीज है जो हमें जानवरों से अलग बनाती है

जानवरों के कुछ गुण:-

1. जन्म लेना
2. खाना पीना,
3. सोना
4. घूमना
5. सेक्स करना
6. एक दूसरे से लड़ाई करना
7. कुछ न सोचना और कुछ ना अलग करना.
8. केवल अपने बारे में ही सोचना
9. मर जाना

बस इतना कुछ करने के बाद जीवन खत्म केवल इतना ही काम है जानवरों का इस धरती पर लेकिन हम मनुष्य होकर भी यही करें केवल अपने बारे में सोचें, लड़ाइयां करें, सोते रहे, शादी करें सेक्स

करें बच्चे पैदा करें, लड़ाई करें झगड़ा करें, जन्म ले मर जाएं अगर हम केवल इतना ही करते हैं तो हम जानवरों से अलग कहां हुई हम मे और जानवरों में अंतर कहां है मैं एक बार फिर से दोहराता हूं या तो कोई इंसान लीडर है या वह जानवर है

अब आप में से बहुत सारे लोग यह सोचेंगे अभी तो मैं अपने लिए ही नहीं कर पा रहा हूं मैं लोगों के बारे में क्या सोचूं मेरे पास कुछ है ही नहीं मैं लोगों को क्या दूं मैं लोगों को कैसे मदद कर सकता हूं मैं अपने समाज में सकारात्मक परिवर्तन कैसे ला सकता हूं आप यह सब कर सकते हैं इसके लिए जहां धन दौलत की आवश्यकता नहीं है इसके लिए आपके अंदर देने की इच्छा होनी चाहिए भावना होनी चाहिए

देखिए दोस्त आज आप कुछ नहीं कर सकते हैं इसके लिए कोई बात नहीं क्योंकि अभी आप ही समस्या में है परेशानी में है लेकिन आपके अंदर देने की इच्छा होनी चाहिए कि मैं इस समाज को कुछ देकर जाऊं सबसे पहले आपकी जो भी समस्या और परेशानियां है उसी को ही अपना लक्ष्य बना लीजिए कि मुझे कैसे भी करके इसको खत्म करना है और जब आप अपने लक्ष्य को प्राप्त कर लेंगे तो वैसे लोगों को खोजिए जिनको यही समस्या है और उनकी मदद कीजिए

सबसे पहले तो आप अपना ध्यान खुद पर दे खुद की मदद करें खुद को सफल बनाएं उसके बाद आप लोगों को सफल बना पाएंगे क्योंकि एक ज्ञानी व्यक्ति ही दूसरों को ज्ञान दे सकता है एक सफल व्यक्ति ही दूसरे को सफल बना सकता है एक प्रकाशित दीपक ही दूसरे दीपक को प्रकाशित कर सकता है एक अमीर व्यक्ति ही दूसरे को अमीर बना सकता है इसलिए अगर आप कमजोर हैं तो आपका पूरा ध्यान अपने ऊपर होना चाहिए खुद के ऊपर और जब आप मजबूत बन जाएंगे तब लोगों के बारे में

सोचिएगा सबसे पहले आपको मजबूत बनना है यह बात अपने दिमाग में बैठा ले

> "एक महान लीडर सबसे पहले अपने लिए बहुत कुछ करता है उसके बाद वह अपने परिवार वह अपने देश और समाज के लिए भी बहुत कुछ करता है वह आगे बढ़ते जाता है और अपने साथ बहुत सारे लोगों को आगे बढ़ने में मदद करता है......शौर्य"

महान लीडर के कुछ गुण, आदते:-

1. एक सफल लीडर के पास महान लक्ष्य होता है:-

   आप इस दुनिया के जितने भी सफल और महान लीडरों को देखेंगे उनके अंदर यह गुण अवश्य होती है उनके पास लिखित और स्पष्ट महान लक्ष्य होती है वह क्या करना चाहते हैं वह क्या पाना चाहते हैं वह क्या बनना चाहते हैं वह समाज में कैसी परिवर्तन देखना चाहते हैं यह सब लिखित होती है डायरी पर (लक्ष्य के बारे में बहुत ही विस्तार रूप से हम बात करेंगे खंड 5 में)

   वह लगातार सोचते रहते हैं मैं क्या कर सकता हूं अपने देश के लिए अपने समाज के लिए मैं अपने देश और समाज में क्या सकारात्मक बदलाव ला सकता हूं मैं लोगों को आगे बढ़ाने में क्या मदद कर सकता हूं उनके दिमाग में हमेशा चलता रहता है कि आखिरकार मैं जाने से पहले इस दुनिया को क्या देकर जा सकता हूं जिससे बहुत सारे लोगों को फायदा हो सके

   (महान लीडर = महान लक्ष्य)

2. जिम्मेदारी लेना:-

दुनिया के सभी सफल और महान लोगों के अंदर यह अच्छा अवश्य होती है वह जिम्मेदारी लेना जानते हैं वह किसी को दोस नहीं देते हैं कि इसके कारण मैं सफल नहीं हो पा रहा हूं इसके कारण यह नहीं हो रहा है यह अच्छा बहुत कम लोगों में ही होती है वह किसी को दोस नहीं देते हैं जैसे मेरा बॉस अच्छा नहीं है, स्कूल खराब था इसलिए मैं अच्छा से पढ़ाई नहीं कर पाया, हमारे देश की सरकार अच्छी नहीं है, तो मेरे माता-पिता अच्छे नहीं है जिसके कारण मै पढ़ाई नहीं कर पाया

लेकिन लीडर वह होते हैं जो कभी भी किसी को दोस नहीं देते हैं क्योंकि लीडरशिप का अर्थ होता है जिम्मेदारी लेना और लीडर जिम्मेदारी लेना जानते हैं देना नहीं वह अच्छी तरह से जानते हैं कि यह जीवन मेरा है इसलिए मेरे जीवन की जिम्मेदारी मेरी है यह देश मेरा है इसलिए इस देश के जिम्मेदारी मेरी है ना कि किसी और की अगर कोई इसे आगे बढ़ा रहा है तो अच्छी बात है लेकिन मैं किसी के सहारे मैं बैठूंगा नहीं यह देश मेरा है इसको चलाने की जिम्मेदारी केवल सरकार की नहीं है यह समाज मेरा है इसको सुधारने की जिम्मेदारी मेरी है यह परिवार मेरा है इसको सुधारने की जिम्मेदारी भी मेरी है जब तक आप अपने जीवन की जिम्मेदारी नहीं लेंगे तब तक आप किसी और को दोस देते रहेंगे और जब तक आप अपनी गलतियों का कारण किसी और को बतलाएंगे किसी और को दोस देते रहेंगे तब तक आपको भी आगे नहीं बढ़ पाएंगे तो आप जिम्मेदारी लेना सीखें ना कि किसी और को दोस देना

(लीडरशिप= जिम्मेदारी लेना)

आपने तो यह वाली कहानी जरूर सुनी होगी एक बार की बात है दो दोस्त है दोनों कहीं घूमने के लिए बाहर निकले थे रास्ते में एक मंदिर दिखा तो दोनों दोस्त वहीं पर घूमने के लिए पहुंच गए पहले दोस्त ने भगवान के पास जाकर बोला हे भगवान मुझे अगले जन्म में ऐसा बनाइएगा कि मुझे किसी को कुछ देना ना पड़े मैं किसी को कुछ भी ना दूं सभी लोग मुझको ही कुछ देते रहे जबकि दूसरे दोस्त ने जाकर बोला हे भगवान मुझे अगले जन्म में ऐसा बना दीजिएगा ताकि मैं बहुत सारे लोगों को कुछ दे पाऊं मैं बहुत सारे लोगों को सेव कर पाऊं मैं बहुत सारे लोगों को मदद कर पाऊं और जानते हैं दोस्तों परिणाम क्या हुआ तुम्हारा दोस्त बना भिखारी जिसे सभी लोग केवल चिल्लर देते रहते थे वह किसी को कुछ नहीं देता था सभी लोग केवल उसको देते रहते थे लेकिन दूसरा दोस्त जो यह बोला था कि मैं बहुत सारे लोगों को कुछ दे पाऊं वह बना राजा ताकि वह बहुत सारे लोगों को कुछ दे पाए

(इस प्रकृति का नियम या लॉ आफ कर्म, या क्रिया प्रतिक्रिया का नियम बोले सभी एक ही है यह पूरा का पूरा प्रकृति यह पूरा ब्रह्मांड इसी नियम पर कार्य करता है जो आप देते हैं वही आपको वापस मिलता है अगर आप आम लगाएंगे तो आपको आम ही मिलेगा अगर आप फुल लगाएंगे तो आपको फूल नहीं मिलेगा अगर आप कांटे लगाएंगे तो कांटे ही मिलेगा अगर आप फिजिक्स में भरोसा रखते हैं तो न्यूटन का नियम पढ़ें क्रिया प्रतिक्रिया वाला नियम जैसा आप क्रिया करेंगे वैसा ही विपरीत दिशा में प्रतिक्रिया होगी अगर आप अध्यात्म में में विश्वास रखते हैं तो भगवत गीता के कर्म फल वाला श्लोक पढ़े जो आज

से 5000 साल पहले भगवान कृष्ण ने भगवत गीता में अच्छी तरह से स्पष्ट कर दिया था बहुत लोग इसे लॉ आफ कर्म बोलते हैं)

3. दूसरों को प्यार, सम्मान और मदद करना:-

जब आप दुनिया के सभी महान लीडरों को ध्यान से देखेंगे और समझने की कोशिश करेंगे तो आप सभी में यह अच्छा अवश्य पाएंगे वह सभी किसी के साथ भेदभाव नहीं करते हैं सभी को एक दृष्टि से देखते हैं सभी से प्यार करते हैं सभी लोगों को मदद करने की कोशिश करते हैं सभी को लेकर आगे बढ़ते हैं क्योंकि टीमवर्क में यह विश्वास रखते हैं

(लीडरशिप= प्यार, सामान, मदद)

4. अपने शब्दों का महत्व रखता

सभी महान और सफल लोगों के अंदर यह गुण अवश्य होती है कि वह अपने शब्दों का महत्व रखते हैं वह ऐसा कभी नहीं करते हैं कि बोलते कुछ और है और करते कुछ और हैं क्योंकि जानते हैं कि लोगों का भरोसा जीतना बहुत मुश्किल है और अगर एक बार भरोसा टूट जाए तो दोबारा उसे वापस कभी नहीं लाया जा सकता है इसलिए बोले कम और करके दिखाएं ज्यादा आपकी सफलता ज्यादा बोलनी चाहिए आप नहीं

(लीडरशिप = अपने शब्दों का महत्व)

5. हमेशा जोश जुनून और खुशी के साथ रहना

आप जब भी दुनिया के महान लीडरों को देखेंगे उनके अंदर एक अलग प्रकार की पॉजिटिविटी सकारात्मक ऊर्जा जोश

जुनून और खुशी रहती है क्योंकि यह अच्छी तरह से जानते हैं कि जैसी इनके अंदर ऊर्जा रहेगी वैसी ही ऊर्जा लोगों के अंदर ट्रांसफर होगी जैसे आप होंगे वैसे ही आपके साथ लोग जुड़ेंगे इसलिए हमेशा जोश जुनी और उत्साहित रहे

(लीडरशिप= जोश, जुनून, उत्साह, खुशी)

6. लोगों को सही रास्ता दिखाना और मदद करना

एक सफल और महान लीडर अपनी गलतियों से सिखता है और आगे बढ़ता है और लोगों को सही रास्ता दिखलाता है ताकि लोग वहीं गलती दोबारा ना करें और अपने मंजिल के पास बहुत तेजी से पहुंच पाए

(लीडरशिप= लोगों की मदद करना)

7. लीडर तैयार करना

सभी सफल और महान लीडरों के अंदर यह गुण अवश्य होती है कि वह अपने टीम में लीडर तैयार करते रहते हैं क्योंकि सफल लीडर जानते हैं कि मैं अकेला ही सब कुछ नहीं कर सकता हूं मुझे बहुत सारे लोगों की आवश्यकता है जो मेरे जैसे ही कार्य करते हैं जिनकी सोच मेरी जैसी ही है इसलिए एक लीडर अपने टीम में लीडर तैयार करता रहता है

(लीडरशिप= अपने जैसे लोग तैयार करना)

8. सकारात्मक नजरिया

लगभग दुनिया के सभी महान और सफल लीडरों के अंदर यह गुण अवश्य होती है वह लोग हर परिस्थितियों में सकारात्मक चीज खोजते हैं और आगे बढ़ते हैं उनकी

नजरिया सकारात्मक होती है इसलिए वह हर एक चीज को सकारात्मक दृष्टि से देखते हैं चाहे परिस्थितियों कैसी भी हो

(लीडरशिप= सकारात्मक नजरिया)

> "कुछ लोगों की सोच और नजरिया ऐसी होती है कि वह लोग स्वर्ग में भी कमियां निकाल देंगे लेकिन सच्चा लीडर तो वही है जो नरक में भी सकारात्मक, खूबियां, अच्छाइयां खोज निकाले......शौर्य"

2. सेल्समैन की कहानी

दो दोस्त थे दोनों एक ही कंपनी में सेल्समैन का काम करते थे पहले का नाम था मार्क और दूसरे का नाम था जैक एक बार क्या हुआ की बहुत ही भयंकर गर्मी हुई तो पहले सेल्समैन(मार्क) ने अपनी बॉस के पास कॉल करके बोला की सर आज बहुत ज्यादा गर्मी है जिसके कारण आज सामान की बिक्री नहीं होगी इसलिए आज मैं कहीं नहीं जाने वाला आज मैं घर पर ही रहूंगा आज मेरी छुट्टी है जबकि दूसरे सेल्समैन (जैक)ने अपने बॉस के पास कॉल करके बोला सर आज 10 गुना ज्यादा माल भेज दीजिए क्योंकि आज बहुत ज्यादा गर्मी है और आज मार्केट में सभी लोग नहीं होंगे आज सभी लोग घर पर ही होंगे इसलिए आज इतना माल बिक जाएगा और उसने इतना माल बेच भी दिया उसके बाद कुछ दिनों के बाद बहुत ही भयंकर बारिश हुई पहले सेल्समैन मार्क ने कंपनी में फोन करके बोला सर आज बहुत ज्यादा ही बारिश हो रही है इसलिए कोई भी बाजार में नहीं होगा इसलिए आज सामान की बिक्री नहीं होगी और मैं कहीं नहीं जाने वाला जबकि जैक कॉल करके बोला सर आज भी मैं बहुत ज्यादा समान बेच दूंगा क्योंकि आज बहुत ज्यादा बारिश है और सभी लोग अपने घर पर ही होंगे और उसने ऐसा कर भी दिया

यहां पर दोनों सेल्समैन के लिए परिस्थितियां एक समान थी गर्मी दोनों के लिए थी और भयंकर वर्षा भी दोनों के लिए थी लेकिन दोनों की नजरिया दोनों की सोच अलग-अलग थी एक नकारात्मक दृष्टि से स्थिति को देखा था जबकि दूसरा सकारात्मक दृष्टि से स्थिति को देखा था और दोनों का रिजल्ट क्या हुआ आपने देखा

9. लगातार सीखते रहना

यह अच्छा दुनिया के सभी सफल और महान लोगों में अवश्य होती है लगातार सीखने रहने की आदत आपको भी अपने अंदर डेवलप करना होगा अगर आप सफल और महान बनना चाहते हैं जिसने भी महान लीडर होते हैं वह लगभग 30 मिनट हर रोज किताबें पढ़ते हैं (लोगों के बायोग्राफी, सेल्फ हेल्प बुक, स्पिरिचुअल बुक, फाइनेंशियल बुक, पर्सनल फाइनेंस बुक, इन्वेस्टमेंट रिलेटेड बुक, मनी रिलेटेड बुक, बिजनेस रिलेटेड बुक) किताबी इसलिए पढ़ते हैं क्योंकि वह अच्छी तरह से यह बात समझते हैं कि मैं यहां पर आया हूं इससे अगर एक कदम भी आगे बढ़ाना है तुम मुझे अपना ज्ञान बढ़ाना होगा जो आज रीडर होगा वहीं भविष्य में जाकर लीडर होगा

(लीडर= लगातार सीखते रहना आगे बढ़ते रहना)

10. छोटी-छोटी गलतियों से सीखना और आगे बढ़ना

एक लीडर अपने टीम के गलतियों को माफ करता है उस गलती से सिखता है और आगे बढ़ जाता है क्योंकि वह अच्छी तरह से जानता है की अगर मैं गलती के बारे में सोचता रहूं उसी के बारे में बातें करता रहूं तो मेरा ज्यादा समय और एनर्जी बर्बाद होगा इसीलिए वह बीते हुए कल के

बारे में नहीं सोचता है हां लेकिन उसे सिखता है और आगे बढ़ता है भविष्य के प्लानिंग करता है और आगे बढ़ते जाता है वह भविष्य में कुछ अच्छा करने की योजना बनाता है और उसी में लग जाता है

(लीडरशिप = छोटी-छोटी गलतियों से सीखना)

> "हमारी सबसे बड़ी गलती वह होगी जिस गलती से हमने कुछ नहीं सीखा होगा......शौर्य"

11. अपना पूरा ध्यान अपने लक्ष्य पर रखना

एक सफल और महान लीडर के अंदर यह गुण अवश्य होनी चाहिए कि उसका पूरा ध्यान उसके लक्ष्य पर हो ना कि लोगों के बातों पर क्योंकि जब आप कोई बड़ा कार्य करने बाहर निकलेंगे लोग आप पर हसेंगे, आपकी निंदा करेंगे, आपको बोलेंगे तुम नहीं कर सकते, और भी न जाने क्या-क्या नकारात्मक बातें आपको बोली जाएगी लेकिन आपको अपना पूरा ध्यान अपने लक्ष्य पर रखना है और उसके लिए मेहनत करते रहना है और यह आदत सारे लीडरों के अंदर होनी चाहिए आप अपनी पूरा का पूरा ध्यान बाज की तरह अपने लक्ष्य पर रखें

(लीडरशिप= अपने लक्ष्य और मिशन पर पूरा ध्यान)

आपके 6 दिन की सीख (डे 6 लर्निंग)

1. एक महान लीडर बनना बहुत ही जरूरी है, अपने देश के लिए अपने समाज के लिए अपने घर के लिए अपने टीम के लिए अपने बिजनेस के लिए
2. लीडर ही इस दुनिया को चला रहे हैं

3. एक लीडर खुद आत्मनिर्भर बनता है उसके बाद दूसरों को आत्मनिर्भर बनने में मदद करता है
4. अपने साथ बहुत सारे लोगों को आगे बढ़ाने में मदद करता है
5. ....आपने जो आज सीखा उसे नोट करें

आपकी आज की कार्य योजना

1. आप अपने अंदर लोगों की मदद करने की आदत बनाएं अगर आप स्टूडेंट हैं तो दूसरे स्टूडेंट को मदद करें यह आदत बचपन से अपने अंदर डेवलप की जानी चाहिए ऐसा नहीं है कि आप बड़े होंगे तो आपके अंदर यह डेवलप हो जाएगी

2. आप आज से ही दूसरी लोगों को मदद करें आपसे जितना हो सकता है उतना ही मदद करें आप दूसरे लोगों को मदद करने के लिए जो कर सकते हैं वह कीजिए

3. इस किताब को आप अपने दोस्त परिवार भाई बहन बेटा बेटी सभी के साथ शेयर करें ताकि वह लोग भी आगे बढ़ सके और बहुत कुछ सीख सकें इस किताब के बारे में उपन्यास स्कूल कॉलेज, अपने ट्रेनिंग, अपने ऑडियो वीडियो, अपने वर्कशॉप, अपने बिजनेस मीटिंग मे शामिल करें और लोगों को इसके बारे में बतलाएं

4. आप पर्यावरण, प्रकृति, जानवरों की भी मदद कर सकते हैं

टीमवर्क स्किल

TeamWork
T → TOGETHER
E → EVERYONE
A → ACHIEVES
M → MORE
TEAM
PARTNERSHIP
SUPPORT
RELATIONSHIP
COLLABORATION
MISSION
TEAMWORK

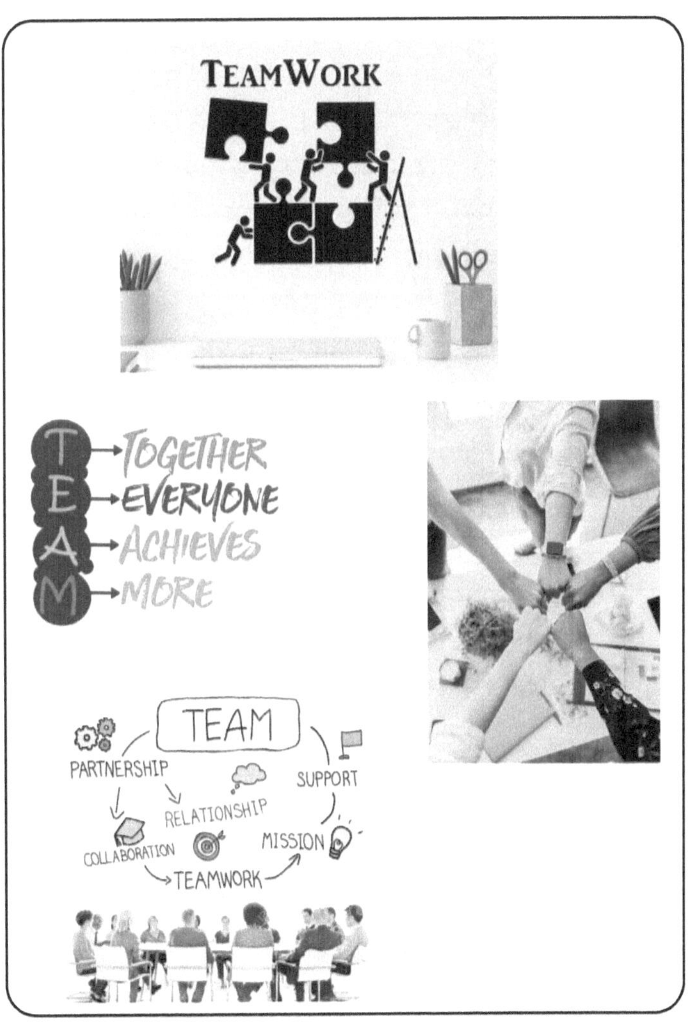

> अगर आपको ज्यादा दूर तक जाना है और ज्यादा समय तक रहना है तो आपको एक मजबूत टीम बनानी पड़ेगी....
> शौर्य

टीमवर्क एक ऐसा स्किल है जिसका उपयोग दुनिया के सबसे सफल और महान लोग करते आए हैं अगर आप बहुत बड़ी सफलता चाहते हैं बहुत महान बनना चाहते हैं बहुत आगे जाना चाहते हैं तो आपको टीमवर्क की शक्ति को समझना होगा और एक मजबूत टीम बनानी होगी बिना टीमवर्क के आप बहुत बड़ी सफलता हासिल नहीं कर सकते कोई भी बड़ा से बड़ा व्यक्ति कोई भी महान से महान व्यक्ति कोई भी बड़ा व्यवसाय है कोई भी बड़ा संगठन बहुत सारे लोगों के मदद से ही आगे गया है अगर पूरी दुनिया के सभी सफल लोग यह सोचते की मै अकेला ही सब कुछ कर सकता हु तो आज वो इतने बड़े सफल इंसान नाही बन पाते वो इतने बड़े सफल बिज़नेस, संगठन, नहीं चला पाते

एक व्यक्ति अकेला दिन भर मे 8 घंटे काम कर सकता है लेकिन अगर उसके साथ 100. लोगो की टीम हो ती एक दिन मे 800 घंटे वाह काम कर सकता है दोस्तों ये पावर होती है टीम वर्क की इसलिए अगर आप कोई बिज़नेस करना चाहते है या कोई बड़ी संगठन बनाना चाहते है आप टीमवर्क की शक्ति को समझिये और लोगो के साथ मिल कर काम कीजिये

आपके 7 वें दिन की सिख (डे 7 लेर्निंग)..

1. अगर आपको कुछ भी करने नहीं आता है लेकिन अगर अपने टीम बनाना सीख लिया तो आप सफल महान और अमीर बन जाएंगे

2. अगर आप बहुत बड़ा करना चाहते हैं तो आपको बहुत बड़ी टीम की आवश्यकता पड़ेगी क्योंकि आप अकेले सभी कार्य नहीं कर सकते

3. अगर आप बिजनेस करना चाहते हैं लेकिन आपको कुछ नहीं आता है तो भी अगर आपने अच्छा टीम बना लिया और आपके टीम के लोग सब कुछ करना जानते हैं तो वे लोग आपके लिए कर देंगे आपको बस लोगों से अच्छा रिश्ता बनाने आना चाहिए और उनसे काम करवाने आना चाहिए

आपकी आज की कार्य योजना (एक्शन प्लान और वर्क)

1. आप आज से ही लोगों से अच्छा रिश्ता बनाना शुरू कर दें अपने व्यापार में, अपने परिवार में, अपने बॉस के साथ, और भी सभी जगह जब आप लोगों से अच्छा रिश्ता बनाएंगे तो लोग आपके लिए कुछ भी करने के लिए तैयार रहेंगे

2. आपको दूसरों के साथ चीटिंग नहीं करना है आपको लोगों की मदद करनी है लोगों से प्यार करनी है

कम्युनिकेशन स्किल

कम्युनिकेशन स्किल हमारे जीवन का बहुत ही महत्वपूर्ण हिस्सा है हम ऐसी दुनिया की कल्पना ही नहीं कर सकते हैं जिस दुनिया में कोई व्यक्ति दूसरे व्यक्ति से अपनी भावनाओं को, विचारों को प्रकट न कर पाए कम्युनिकेशन का अर्थ होता है आपने जो बोला क्या सामने वाला को वही समझ में आया कम्युनिकेशन स्किल हर एक व्यक्ति के लिए आवश्यक है चाहे वह कुछ भी करता हो जॉब करता हो बिजनेस करता हो चाहे वह सेल्समैन हो, चाहे वह एक अच्छा लीडर हो, चाहे वह कोई मोटिवेशनल स्पीकर हो, चाहे

वह इंटरव्यू देना चाहता हो, चाहे वह किसी से शादी करना चाहता हो, चाहे वह किसी और से रिश्ता बनाना चाहता हो, चाहे आप कुछ भी करना चाहते हो आपको कम्युनिकेशन स्किल की मदद लेनी पड़ेगी कम्युनिकेशन स्किल हर एक व्यक्ति के लिए आवश्यक है चाहे वह कुछ भी करता हो

कम्युनिकेशन स्किल का प्रभाव

कम्युनिकेशन स्किल कितना बड़ा प्रभाव डाल सकता है इसके बारे में आप सोच भी नहीं सकते कम्युनिकेशन स्किल का प्रयोग करके बहुत सारी कंपनियां बहुत सारा प्रोडक्ट बेचती हैं, और बहुत महंगे महंगे प्रोडक्ट बेचती हैं

आपने किसी छोटी चाय की दुकान पर चाय आपने कभी चाय पिया होगा तो चाय बहुत ही सस्ता मिल जाता है लेकिन वही चाय फाइव स्टार और 7 स्टार होटल में बहुत महंगे बिकते हैं यह सारा का सारा खेल कम्युनिकेशन स्किल का है

स्थिति नंबर 1:- जब आप कभी भी चाय पीने छोटी सी दुकान पर जाते हैं तो वहां पर आपके साथ कोई भी रिश्ता नहीं बनता है आपके साथ कोई भी कम्युनिकेशन अच्छी तरह से नहीं करता है आप पैसा देते हैं चाय लेते हैं पीते हैं और निकल जाते हैं

स्थिति नंबर 2:- लेकिन जब आपको भी फाइव स्टार होटल में जाते हैं तो वहां आपके साथ बहुत अच्छा से रिश्ता बनाया जाता है आपके साथ अच्छी तरह से बात की जाती है आपकी नाम लेकर आपको लोग बुलाते हैं जैसे हेलो सर आपका स्वागत है सर में आपकी क्या मदद कर सकता हूं सर और भी बहुत कुछ

दुनिया के जितने भी सफल से सफल लोग हैं, या सफल कंपनियां है यह सभी लोगों के साथ बहुत ही अच्छी तरह से कम्युनिकेट करती है जिसके कारण यह इतने सफल और बड़ी बनती है तो

आपको भी अपना कम्युनिकेशन स्किल स्ट्रांग करना पड़ेगा डेवलप करना पड़ेगा जब आप कभी भी कोई भी प्रोडक्ट तैयार करें तो एकदम साफ और क्लियर कम्युनिकेशन होनी चाहिए लोगों के साथ

> "अगर आपका कम्युनिकेशन स्किल कमजोर है तो आपको महंगे से महंगे प्रोडक्ट को भी सस्ते दामों पर बेचना पड़ेगा लेकिन अगर आपका कम्युनिकेशन स्किल मजबूत है तो आप सस्ते से सस्ते प्रोडक्ट को भी महंगे दामों पर बेच सकते हैं......शौर्य"

अपना कम्युनिकेशन स्किल कैसे मजबूत करें?

आप अपना कम्युनिकेशन स्किल निम्नलिखित तरीकों से मजबूत कर सकते हैं

1. आप लोगों के नाम लेकर उनसे बातें करें हर किसी को अपना नाम चीनी से भी ज्यादा मीठा लगता है

2. आप लोगों के नाम हमेशा याद रखें

3. आप जिस भी व्यक्ति से मिलने वाले हैं उसके बारे में थोड़ी सी जानकारी हासिल कर ले

4. आप लोगों से आंख में आंख डालकर बातें करें लोगों को घूरना नहीं है

5. आप हमेशा सकारात्मक रहे, आपके चेहरे पर एक मुस्कान होनी चाहिए तब लोग आपको पसंद करेंगे

6. सामने वाला जिस टॉपिक के बारे में बातें करना चाहता है इस टॉपिक के बारे में बातें करें

7. सामने वाले को जो पसंद है उसी के बारे में बातें करें (कोई खेल कोई मूवी कोई किताब और भी बहुत कुछ)

8. अपने अंदर लोगों को सुनने की आदत डेवलप करें लोगों को ध्यान से सुने जब आप लोगों को ध्यान से सुनेंगे तो लोग आप पर भरोसा करना शुरू कर देंगे हर कोई कुछ ना कुछ कहना चाहता है इसलिए बोल कम और सुनने ज्यादा

9. अपनी बात साफ-साफ लोगों के सामने रखें घुमा फिरा कर बातें ना करें

10. सामने वाली की तारीफ करें उसके कपड़े की, उसके कार्य की, उसकी बालों की, उसके जूते की जो चीज उनके बारे में आपको अच्छा लगता है उनकी तारीफ करें उसके बारे में झूठी तारीफ ना करें यह आपकी दिल से निकलनी चाहिए

11. लोगों से अलग दिखने की कोशिश ना करें लोगों के जैसा ही दिखे तभी लोग आपके साथ दोस्ती करेंगे

इस तरह से आप अपनी कम्युनिकेशन स्किल को मजबूत कर सकते हैं

आपके आठवें दिन की सिख (डे 8 लर्निंग)

1. आप अपने जीवन में चाहे कुछ भी करें आपको हर जगह पर कम्युनिकेशन स्किल की मदद लेनी पड़ेगी इसलिए अपने कम्युनिकेशन स्किल को मजबूत करे

2. ....आपने आज जो कुछ भी सीखा उसके बारे में अपने नोटबुक में लिखें

आज की आपकी कार्य योजना (एक्शन प्लान एंड वर्क)

1. आज आपने जो कुछ भी सीखा है (अपना कम्युनिकेशन स्किल कैसे मजबूत करें 11 नियम) उसकी अभ्यास करना आज से शुरू कर दें और इसको अपना जिंदगी भर का आदत बना ले

इन्वेस्टिंग (निवेश) स्किल

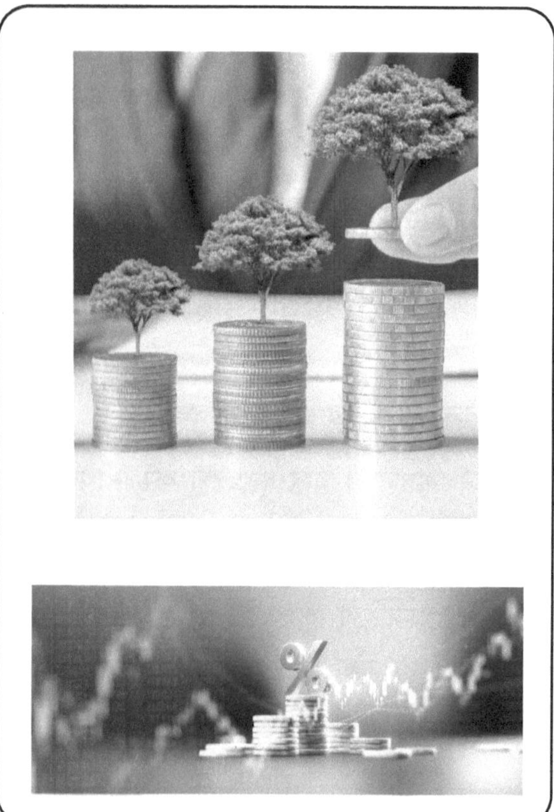

सफल लोग अपने समय का निवेश करते हैं बाकी सभी लोग अपने समय को खर्च करते हैं ..... शौर्य

इन्वेस्टमेंट (निवेश):-

आसान भाषा में निवेश का अर्थ है अपने समय पैसा और ऊर्जा को किसी ऐसी जगह पर लगाया जाए जहां पर भविष्य में कुछ लाभ प्राप्त हो सके या रिटर्न मिल सके उसे ही निवेश कहेंगे बहुत सारे लोगों को ऐसा लगता है की अपने पैसा को कहीं पर लगाना ही निवेश है पर यह पूरी सच्चाई नहीं है आप निवेश अपने समय को भी कर सकते हैं अपनी ऊर्जा को भी कर सकते हैं और अपने पैसा को भी कर सकते हैं

हम सभी लोग निवेशक हैं:-

हम सभी लोग निवेशक हैं क्योंकि कहीं ना कहीं तो हम सभी लोग अपने समय अपने पैसे और ऊर्जा का निवेश करते ही हैं अगर आपके निवेश से आपके भविष्य में सकारात्मक रिटर्न मिल रहे हैं तो आप एक अच्छे निवेशक हैं लेकिन अगर आपको सकारात्मक रिटर्न नहीं मिल रहे हैं तो आप एक अच्छे निवेदक नहीं है और आप अपने समय अपने पैसे अपने ऊर्जा को बर्बाद कर रहे हैं दोस्तों आपके दिमाग में यह चल रहा होगा कि आखिरकार इस दुनिया के सभी लोग निवेशक कैसे हैं??

तो चलिए इसको समझने की कोशिश करते हैं कि आखिर सभी लोग निवेशक कैसे हैं

1. अगर आप पढ़ाई कर रहे हैं तो अपने समय और पैसे का निवेश कर रहे हैं

2. अगर आप नौकरी कर रहे हैं तो अपने समय ऊर्जा और ज्ञान का निवेश कर रहे हैं

3. अगर आप कोई पेशा वाले हैं आप डॉक्टर, इंजीनियर, चार्टर्ड अकाउंटेंट, शिक्षक है तो आप अपने तो आप अपने समय, अपना ज्ञान, का निवेश कर रहे हैं

लेकिन दोस्तों यह बात जानकर आपको बहुत आश्चर्य होगा कि यह सारे निवेश गलत है यह केवल आपका समय और ऊर्जा की बर्बादी है इस निवेश से आप कुछ नहीं कमा पाएंगे यह आपको 0 रिटर्न देने वाला है भविष्य में आपने जहां से भी अपनी जिंदगी की शुरुआत की थी यह आपके बच्चे को वहीं पर लाकर खड़ा कर देगी और आपका बच्चा दोबारा से इतना मेहनत करेगा आपकी मेहनत का फल आपके बच्चों को भी मिलना चाहिए अगर आपकी मेहनत का फल आपके बच्चे को नहीं मिल रहा है तो यह रिटर्न कहां हुआ

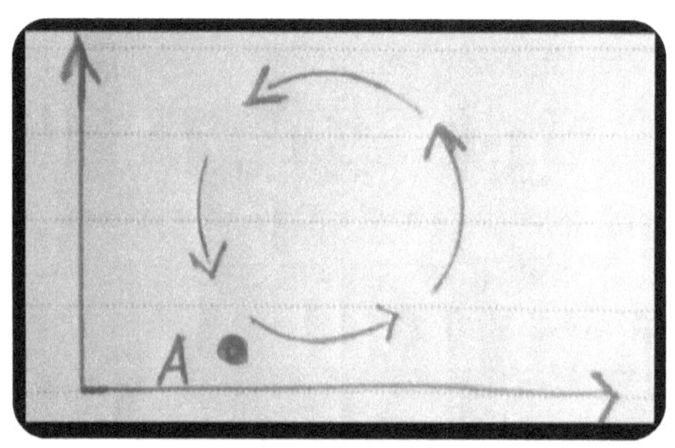

शुरुआत भी यहीं से और अंत भी यहीं से अपने अपने जीवन की शुरुआत जहां से की थी यह आपके बच्चे को वहीं पर लाकर खड़ा कर देता है और यही प्रक्रिया चक्र के रूप में चलती रहती है बहुत सारे लोग यह बातें समझ में नहीं आएंगे बहुत सारे लोग मुझे गलत बोलेंगे लेकिन अगर आप मुझे गलत बोल रहे हैं तो आप एक कुएं की मेंढक हैं आपने अभी पूरी दुनिया देखी नहीं है चलिए आपको कुएं से बाहर लेकर चलते हैं और बाहर की दुनिया दिखाते हैं

समुद्र तक यात्रा:-

चलिए अब आपको कुएं से बाहर निकाल कर समुद्र तक यात्रा कराते हैं चलिए आप समझने की कोशिश करते हैं कि यह सारे निवेश आपको 0% रिटर्न कैसे देते हैं और इस निवेश से ज्यादा कैसे रिटर्न कमा सकते हैं

1. पढ़ाई:- अगर आप एक विद्यार्थी हैं और पढ़ाई कर रहे हैं तो यह आपके जीवन में 0% रिटर्न देगा (यहां पर केवल स्कूल कॉलेज की पढ़ाई की बात की जा रही है) देखिए मैं पढ़ाई के खिलाफ कभी नहीं हूं पढ़ाई करनी चाहिए मैं भी लगभग हर रोज 2 घंटे पढ़ाई करता हूं पर कौन सी पढ़ाई क्या स्कूल और कॉलेज की पढ़ाई ही जीवन में सफल और कामयाब बनने के लिए काफी है नहीं नहीं केवल आप स्कूल और कॉलेज की पढ़ाई से कुछ नहीं कर पाएंगे आपके दिमाग में ऐसा चल रहा होगा आखिरकार कैसे आखिरकार कैसे मैं 0% रिटर्न प्राप्त कर रहा हूं पढ़ाई से अगर आप पढ़ाई कर रहे हैं तो अपने आप से छोटी सी सवाल कीजिए क्या अभी आपको जो पढ़ाया जा रहा है उसका उपयोग आप वास्तविक दुनिया में हर रोज करते हैं नहीं करते हैं ना मुझे नहीं लगता कि आप करते होंगे क्योंकि स्कूल और कॉलेज में जो पढ़ाया जाता है वह वास्तविक दुनिया में हमारे किसी काम का नहीं है और जो हमारे लिए उपयोगी है हमें वह पढ़ाया ही नहीं जाता है अगर आप स्कूल और कॉलेज नहीं जाते हैं अगर आप जॉब करते हैं या बिजनेस करते हैं तो मैं आपसे एक सवाल पूछता हूं अभी जो आप कर रहे हैं क्या इसके बारे में स्कूल कॉलेज में सिखाया गया था मुझे नहीं लगता है कि आपको कुछ सिखाया गया होगा तो आपके दिमाग में अब सवाल उठ रहा होगा तो हम कर क्या सकते हैं आप अभी पढ़ाई कर रहे हैं पढ़ाई

करते रहिए लेकिन उसके साथ-साथ आप वास्तविक दुनिया का शिक्षा ग्रहण कीजिए आप स्किल डेवलपमेंट कीजिए आप सेल्फ हेल्प बुक, बिजनेस बुक, मनी रिलेटेड बुक, निवेश से संबंधित बुक, स्पिरिचुअल बुक पढ़ते रहें, आप ट्रेनिंग सेमिनार अटेंड करते रहें जब कभी भी आपके शहर में कोई भी बड़ा सेमिनार हो ट्रेनिंग हो सेल्फ डेवलपमेंट के ऊपर आप उसको अटेंड करें क्योंकि यही वास्तविक दुनिया का ज्ञान है (आपको आध्यात्मिक शिक्षा, वित्तीय शिक्षा, वास्तविक शिक्षा, पर अपना ध्यान देना चाहिए क्योंकि स्कूल और कॉलेज की शिक्षा केवल समय की बर्बादी करती है)

> "सबसे कम रिटर्न देने वाली शिक्षा है आपकी स्कूल कॉलेज की शिक्षा जो आपको वास्तविक दुनिया के बारे में कुछ नहीं सिखा रही है......शौर्य"

2. नौकरी:- आपकी नौकरी आपको आपके जीवन में 0% रिटर्न देता है आप में से बहुत सारे लोग यह बोलेंगे कि नहीं मुझे 100% रिटर्न मिलता है मैंने जितना कार्य किया उतना मुझे पैसा मिल जाता है तो इस प्रकार मुझे तो 100% रिटर्न मिल रहा है लेकिन यह रिटर्न नहीं है यह तो आपके कार्य का परिणाम है रिजल्ट है जो आपको पैसे के रूप में मिल रहा है (अगर आप कोई ऐसी नौकरी कर रहे हैं जिसमें आपको सीखने को बहुत कुछ मिल रहा है तो यह अच्छी बात है)

आप अपनी नौकरी से रिटर्न इसलिए नहीं प्राप्त कर पा रहे हैं क्योंकि अगर आपका जो बच्चा होगा और जब आप

रिटायर हो जाएंगे तो वह अपना जीवन की शुरुआत 0 से करेगा तो यह रिटर्न कहां हुआ अगर यह रिटर्न होता तो आपके बच्चे को वह पोस्ट मिलता है जिस पोस्ट पर आप हैं आप अपना जीवन जहां पर खत्म करते आपका बच्चा वहां से अपने जीवन की शुरुआत करता है और उसे आगे तक लेकर जाता है लेकिन ऐसा हो कहां आ रहा है इसलिए आप नौकरी में 0% रिटर्न प्राप्त करते हैं और आपके आगे आने वाली पीढ़ी को कुछ भी फायदा नहीं होता है आपके कार्य से अगर आपने कोई बिजनेस की होती और जब आप काम करने के लायक नहीं होते और आपका बच्चा आपके बिजनेस को संभालता तो वह आपका बिजनेस को जहां तक आप लाए हैं वहां से आगे ले जाने की कोशिश करता इसलिए आपकी मेहनत का भी फायदा उसे हो जाता

"कोई भी इंसान अगर अपना जीवन बदलता है तो वह सिर्फ अपना ही जीवन नहीं बदलता है वह अपने आगे आने वाली पीढ़ियों को भी बदल देता है और एक वह इंसान जो अपनी जिंदगी को बर्बाद करता है उसे लगता है कि केवल मैं अपना ही जीवन बर्बाद कर रहा हूं लेकिन ऐसा नहीं है उसके साथ-साथ आने वाले भविष्य में उसकी पीढ़ियां भी बर्बाद हो जाती है इसलिए आज आप निर्णय लीजिए अपने परिवार का......शौर्य"

---

3. पेशेवाले (डॉक्टर, इंजीनियर, शिक्षक, वकील):- दोस्तों यहाँ पर मैं किसी भी नौकरी या पेशा को गलत, निचा नहीं दिखा रहा हूं क्यों की हमारी देश समाज को चलाने के लिए हम सभी की आवस्यकता है मैं तो आपकी इस सोच से

नफ़रत करता हूं की स्कूल जाओ, पढ़ाई करो, अच्छा नंबर लाओ, कॉलेज मे जाओ, डिग्री लो फिर कोई नौकरी करो फिर सादी करो बच्चे करो उनको पढ़ाओ और बस ख़तम जिंदगी मुझे केवल इस सोच से नफरत है कोई भी पेशा या नौकरी करना गलत नहीं है गलत तो यह सोच है कि बस किसी तरह से पढ़ाई ख़तम हो जाए उसके बाद मुझे एक नौकरी लग जाए यह सोच से मुझे नफरत है और मैं यही चाहता हूं कि आपकी सोच बड़ी होनी चाहिए आप कुछ बड़ा करने की सोचें आप कुछ क्रिएट करने की सोचें इस दुनिया में केवल दो तरह के ही लोग रहते हैं पहले क्रिएटर लोग जो कुछ बनाते हैं जो कुछ क्रिएट करते हैं और दूसरे यूजर लोग जो केवल उनके द्वारा बनाए गए प्रोडक्ट का उपयोग करते हैं आप डॉक्टर बनना चाहते हैं आप डॉक्टर बने आप इंजीनियर बनना चाहते हैं इंजीनियर बने आप पढ़ाई करना चाहते हैं बहुत अच्छी तरह से पढ़ाई करें आप शिक्षक बनना चाहते हैं आप शिक्षक बने आप कुछ भी बनना चाहते हैं बने लेकिन बनने के बाद यह न सोचे कि मुझे एक नौकरी मिल जाए आप कुछ क्रिएट करने की कोशिश करें कुछ बनाएं

अब आप में से बहुत सारे लोगों के दिमाग में यह सवाल चल रहा होगा. आखिरकार हम क्या बनाएं देखिए आपको कुछ अलग कार्य नहीं करना है आप अभी जैसे कार्य कर रहे हैं उसी से संबंधित कुछ कार्य करना शुरू कीजिए आपको कुछ अलग नहीं करना है जैसे आप शिक्षक हैं तो आपको शिक्षा के क्षेत्र में ही कुछ करना चाहिए अगर आप डॉक्टर हैं तो डॉक्टरी के क्षेत्र में कुछ कर सकते हैं दवा से संबंधित कुछ कार्य कर सकते हैं आप जो कुछ भी करते

हैं उससे संबंधित आप दूसरा कार्य कर सकते हैं अपना खुद का और बाद में जैसे-जैसे आपका व्यवसाय बढ़ने लगता है तो आप बहुत सारे लोगों का टीम बना सकते हैं जो आपके लिए काम करेंगे आपके सिस्टम में और आप अपने काम से फ्री हो जाएंगे

समय बदल गया है:-

देखिए यह दुनिया पूरी तरह से बदल गई है और इस बदली हुई दुनिया में हम अपने पुराने सोच पुरानी शिक्षा और पुराने तरीके से सफल और कामयाब नहीं बन सकते हमें अपने काम करने के तरीके हमें अपना कार्य, अपना शिक्षा, सब कुछ बदलना होगा पहले के समय में चिट्ठी लिखा जाता था और वह चिट्ठी किसी के पास एक महीने में पहुंच रहा था लेकिन आज के समय में सोशल मीडिया के द्वारा आप एक सेकंड के अंदर किसी के पास भी कुछ भी संदेश भेज सकते हैं पहले के समय में हम यात्रा बैलगाड़ी से करते थे लेकिन आज के समय में आप यात्रा अपनी कार से कर सकते हैं ट्रेन से कर सकते हैं बस से कर सकते हैं हवाई जहाज से कर सकते हैं यहां तक कि हमारे एलोन मस्क हाइपरलूप की तैयारी कर रहे हैं जिससे आप बहुत जल्द कहीं भी पहुंच सकते हैं पहले के समय में किसी-किसी के पास टेलीफोन हुआ करता था लेकिन आज के समय में हर किसी के पास स्मार्टफोन है पहले हम कोई भी सामान खरीदने के लिए दुकान पर जाते थे लेकिन आज के समय में आप अपने मोबाइल फोन के मदद से कुछ भी घर पर मंगवा सकते हैं आज के समय में लगभग सब कुछ पूरी तरह से बदल गया अगर आज के समय में आप अपनी पुरानी सोच से पुराने तरीके से पुरानी शिक्षा से कोई भी कार्य करेंगे तो आपको बहुत समय लगेगा और सफल होना पाना लगभग नामुमकिन हो जाएगी इसलिए हमें अपनी सोच को पूरी तरह से बदलना होगा देखिए मैं एक बात आपसे बार-बार बोल रहा हूं मेरे कहने का अर्थ कभी भी यह नहीं है कि आप नौकरी ना करें मेरे कहने का अर्थ

यह है कि आप अपने अंदर नौकरी वाली मानसिकता विकसित ना करें इस बात से कोई फर्क नहीं पड़ता है क्या आप नौकरी करते हैं या कुछ भी करते हैं फर्क इस बात से पड़ता है कि आप सोचते कैसे हैं आपकी सोच कैसी है आप अपने अंदर क्रिएटर मानसिकता विकसित करें आप यह सोचे कि मैं क्या कर सकता हूं मैं क्या बना सकता हूं और कुछ बनाएं

आप धीरूभाई अंबानी के बारे में तो अच्छी तरह से जानते होंगे उन्होंने भी अपने जीवन में नौकरी की लेकिन उसके साथ-साथ उन्होंने कुछ क्रिएट किया रिलायंस इंडस्ट्री नौकरी करते थे लेकिन उनकी सोच बड़ी थी उनकी सोच क्रिएटर मानसिकता की थी इसलिए उन्होंने रिलायंस क्रिएट किया इसलिए आप भी ऐसा ही मानसिकता डेवलप करें कि मुझे कुछ क्रिएट करना है मुझे कुछ बनाना है तभी आप आत्मनिर्भर बन पाएंगे और मेरा लक्ष्य यही है कि आप आत्मनिर्भर बने आपको सरकार पर अपने बॉस पर या किसी दूसरे व्यक्ति पर निर्भर नहीं रहना चाहिए

4 से 5 साल के अंदर मेरा ध्यान पैसिव इनकम का सोर्स बनाने पर होता है नहीं तो मुझे पूरी जिंदगी एक्टिव होकर मेहनत करना पड़ेगा.... वॉरेन एडवर्ड बफेट

पैसिव इनकम / एक्टिव इनकम

1. पैसिव इनकम(निष्क्रिय आय):- अमीर लोग पैसिव इनकम प्राप्त करने के लिए एक ऐसा सिस्टम तैयार करते हैं कि उनको सिस्टम के लिए दोबारा काम ना करना पड़े उनका सिस्टम उनके लिए कार्य करता रहे और वह कुछ किए बिना ही पैसा कमाते रहे इसे ही पैसिव इनकम कहते हैं इस दुनिया के केवल 5% लोग ही पैसिव इनकम प्राप्त करते हैं पैसिव इनकम आपको प्राप्त करने के लिए या तो ऐसा सिस्टम बनाना पड़ेगा जो आपके बिना भी चलता रहे और

आप पैसा कमाते रहे नहीं तो आपको एक ऐसी टीम बनानी पड़ेगी जो आपके लिए काम कर सके और आप अपने काम से फ्री हो जाएं और सोते-सोते पैसा कमाए

> "अमीर लोग पैसे के लिए काम नहीं करते हैं पैसा उनके लिए काम करता है.... रॉबर्ट कियोसकी (रिच डैड पुअर डैड)"

2. एक्टिव इनकम (सक्रिय आय):- इस दुनिया के 95% लोग एक्टिव इनकम प्राप्त करते हैं आब समझते हैं एक्टिव इनकम क्या है जब आप कार्य करते हैं तो आपको पैसा मिलता है जब आप काम नहीं करते हैं तो आपको नहीं मिलता है यही है एक्टिव इनकम इसमें समस्या यह रहता है कि जब तक आप काम करने के लायक रहते हैं जब तक आप ठीक रहते हैं आपका तबीयत ठीक रहता है तब तक आपको कोई परेशानी नहीं होती है लेकिन जैसे ही आपकी तबीयत खराब हो जाए तो आपके घर में पैसा आना भी बंद हो जाता है इसलिए यह बहुत ही हानिकारक है यह नशा की तरह है जब आप शराब पीते हैं तो आपको नशा होता है और आपको आनंद आता है लेकिन जैसे ही आपका नशा उतरता है तब आपको होश आ जाता है ऐसे ही नौकरी वालों के साथ होता है जब वह एक महीने काम करते हैं तो महीने के लास्ट तारीख को उनको सैलरी के रूप में नशा मिलता है तो उनको बहुत आनंद आता है मजा आता है लेकिन जैसे-जैसे समय निकलता जाता है उनकी नशा उतरती जाती है और तब उनको समझ में आता है इसलिए अभी समय है अभी इसका इलाज करवा ले और अपनी इनकम सोर्स बढ़ा ले जहां से आपको कई तरह की पैसा आता है

काम किया गया = पैसा आया

काम नहीं किया गया = पैसा आना बंद

आपके 9 वें दिन की सीख (डे 9 लर्निंग)

1. अमीर बनने के लिए आपको पैसे की समझ होनी जरूरी है (वित्तीय ज्ञान) आपके स्कूल और कॉलेज की डिग्रियां की कोई आवश्यकता नहीं है

2. स्कूल और कॉलेज जाना केवल समय की बर्बादी है यह आपके जीवन की असली शिक्षा नहीं देती है

3. अमीर लोग वित्तीय शिक्षा पर ध्यान देते हैं

4. आपका इनकम का लगभग 20% हिस्सा आपके दिमाग, स्किल डेवलपमेंट, कुछ नया सीखने पर लगना चाहिए

5. अपने पैसे का सबसे ज्यादा निवेश अपने दिमाग में करें यह आपको जिंदगी भर रिटर्न देगा

6. पैसे को निवेश करने पर यह काम करता है और बचा कर रखने पर सोता है और मारता है

7. आपकी जिंदगी की पढ़ाई जीवन भर चलानी चाहिए यह केवल स्कूल और कॉलेज तक सीमित नहीं है

8. आप अपने समय ऊर्जा और पैसे को खर्च भी कर सकते हैं और निवेश भी यह दोनों आपके हाथों में है कि आप क्या करेंगे

9. नौकरी में किया गया अपने समय और ऊर्जा का निवेश आपके जीवन में 0% रिटर्न देता है यह आपको वहीं पर लाकर खड़ा कर देता है जहां से आपने अपनी जिंदगी की शुरुआत की थी

10. स्कूल और कॉलेज की शिक्षा आपको मालिक बनना नहीं नौकर बना सिखाती है अगर आप अपने जीवन में मलिक बनना चाहते हैं तो इसकी पढ़ाई आपको खुद से करनी पड़ेगी केवल स्कूल और कॉलेज की पढ़ाई ही काफी नहीं है इसके लिए

आपकी कार्य योजना (एक्शन प्लान)

आप सबसे ज्यादा अपने पैसों का निवेश अपने दिमाग पर करें

सफल लोगों के किताबें पढ़ने की आदत डालें और आज से ही 30 मिनट किताबें पढ़े हर रोज

पहले सीखें => योजना बनाएं => वर्क प्लान बनाएं => कार्य करें=> रिजल्ट, परिणाम प्राप्त करें (आपको या तो सफलता मिलेगा, या आप कुछ ऐसा सीख जाएंगे जिससे आप आगे सफल हो जाएंगे लेकिन इससे पहले आपको शुरुआत करनी पड़ेगी)

फाइनेंशियल मैनेजमेंट स्किल

"पैसा ना होना कोई समस्या नहीं है(गरीबी) हमें पैसे की समझ नहीं है यह सबसे बड़ी समस्या है.......शौर्य"

बहुत सारे लोगों को लगता है कि अमीर बनने के लिए बहुत सारा पैसा चाहिए बहुत बड़ा बिजनेस चाहिए यह बात सही है लेकिन यह पूरी सच्चाई नहीं है केवल पैसे से ही कोई भी व्यक्ति अमीर और गरीब नहीं बनता है जब तक उसे पैसे की पूरी समझ ना हो जाए, वित्तीय प्रबंधन, और पैसे का नियंत्रण

पैसे को निवेश करके उसे बढ़ाना पैसे की प्लानिंग करना बजटिंग बनाना पैसे को यह सब नहीं आता है तो आप अमीर नहीं बन पाएंगे अमीर बनने के लिए यह सब गुण आपके अंदर होनी चाहिए

दोस्तों क्या आपने इसके बारे में कभी सोचा है की लॉटरी जीतने वाले करोड़ों रुपए जीत लेते हैं लेकिन उसके बाद भी अमीर क्यों नहीं बन पाते हैं वह दोबारा क्यों गरीब हो जाते हैं क्योंकि उनको पैसे को अच्छी तरह से मैनेज नहीं करने आता है, पैसे को बढ़ाने नहीं आता है पैसे को निवेश नहीं करने आता है जिस कारण से वह दोबारा अमीर से गरीब बन जाते हैं इसलिए यह बात मैं दोबारा आपके साथ दोहराता हूं पैसा होने और न होने से कोई फर्क नहीं पड़ता है आपके पास पैसे की समझ होनी चाहिए ज्ञान होनी चाहिए नहीं तो कितना भी पैसा आप कामा ले आप अपने जीवन में अमीर नहीं बन पाएंगे आर्थिक स्वतंत्रता नहीं प्राप्त कर पाएंगे, कभी पैसे से आजादी नहीं प्राप्त कर पाएंगे क्योंकि जब तक आप पैसे के लिए कार्य करेंगे तब तक आप पैसे के गुलाम रहेंगे और अगर आपको इससे आजाद होना है तो आपको पैसे को काम पर लगाना होगा पैसे से कड़ी मेहनत करवानी पड़ेगी आमिर आप तभी बनेंगे जब पैसा आपके लिए काम करेगा

आप भी अमीर बन सकते हैं:-

सच्चाई तो यह है कि आप भी अमीर और सफल बन सकते हैं इसके लिए आपको रॉकेट साइंस जानने की कोई जरूरत नहीं है इसके लिए आपके अंदर पैसे की समझ होनी चाहिए, आपको पैसे को अच्छी तरह से मैनेज करने आना चाहिए, पैसे को अच्छी तरह से निवेश करना आना चाहिए

आर्थिक रूप से स्वतंत्रता कैसे बने?:-

अगर किसी भी व्यक्ति को आर्थिक रूप से स्वतंत्रता प्राप्त करनी है तो उसके लिए उसकी पैसा काम करनी चाहिए जब तक कोई भी व्यक्ति पैसे के लिए काम करता रहेगा तब तक वह आर्थिक रूप से कभी भी आजाद नहीं हो पाएगा और आखिरकार उसका पैसा उसके लिए कब काम करता है जब आप अपने पैसे को निवेश करेंगे तो आपका पैसा आपके लिए काम करेगा और काम करके और पैसा बनता रहेगा आपके लिए और आप. आर्थिक रूप से स्वतंत्र हो जाएंगे अब आपको पैसे के लिए काम करने की कोई आवश्यकता नहीं है अब पैसा आपके लिए काम करेगा

तो चलिए आर्थिक रूप से स्वतंत्र बनने के लिए हमें क्या-क्या करना पड़ेगा इसे समझते हैं

1. आप पैसे कमाने की शुरुआत करें:- अगर आप आर्थिक रूप से स्वतंत्र होना चाहते हैं और अभी आप कुछ नहीं करते हैं कुछ भी पैसा नहीं कमाते हैं तो सबसे पहले काम आप पैसे कमाना शुरू करें आपको जो समझ में आ रहा है जो बिजनेस आइडिया समझ में आ रहा है या जो कुछ भी आपको आता है उसके अनुसार पैसे कमाना शुरू करें क्योंकि आर्थिक रूप से स्वतंत्र होने में आपका पैसा बीज की तरह काम करेगी और इसी के मदद से हम और ज्यादा पैसा बनाएंगे तो सबसे पहले आप बीज इकट्ठा करें क्योंकि बिना बीज के आप फसल कैसे लगा सकते हैं

2. अपने पैसे का अच्छी तरह से प्रबंध करें:- अब अपने पैसे कमाने शुरू कर दिए होंगे या आप पहले से ही पैसे कमा रहे होंगे पैसे कमाने से भी ज्यादा जरूरी है पैसे को अच्छी तरह से मैनेज करना ज्यादातर लोगों के साथ यही

परेशानी होती है कि जैसे-जैसे उनका सैलरी, तनखावा, इनकम बढ़ाते जाता है वैसे-वैसे वे लोग अपना खर्च भी बढ़ा लेते है और यही आपकी आर्थिक स्वतंत्रता में रुकावट पैदा कर सकती है अब उनको ब्रांडेड ब्रांडेड घड़ियां चाहिए ब्रांडेड कपड़े चाहिए ब्रांडेड जूते चाहिए ब्रांडेड फोन चाहिए ब्रांडेड लैपटॉप चाहिए दोस्तों के साथ घूमना भी है पार्टी भी करना है यह सभी चीज आपकी आर्थिक स्वतंत्रता में बाधा बन सकती है मेरी कहानी का अर्थ यह नहीं है कि आप यह सब ना ख़रीदे मेरे कहने का अर्थ यह है कि ज्यादा पैसे खर्च न करें जितना जरूर है उतना पैसा खर्च करें क्योंकि पैसा एक संसाधन है और इसका केवल यही काम है कि लोगों के जरूर तो को पूरा करना (पैसा बिल्कुल पानी की तरह होता है जब आप पानी को निकलने के लिए रास्ता बनाएंगे तो पानी वैसे ही निकलेगा उसी रास्ते से लेकिन अगर आप इसे रास्ता नहीं दिखाएंगे तो यह कहीं भी निकल जाएगा इस तरह हमारा पैसा है आप पहले से ही इसका प्लानिंग बना लेंगे कि मुझे अपने पैसे को यहां यहां खर्च, निवेश करना है तो आपका पैसा वही जाएगा लेकिन अगर आप इसका प्लानिंग नहीं करेंगे तो यह कहीं भी चला जाएगा इसलिए इसका प्लानिंग करना बहुत जरूरी है आप आज ही प्लानिंग करें कि अगर आपके पास ₹100 हैं तो कितना कितना पैसा कहां-कहां पर लगना चाहिए)

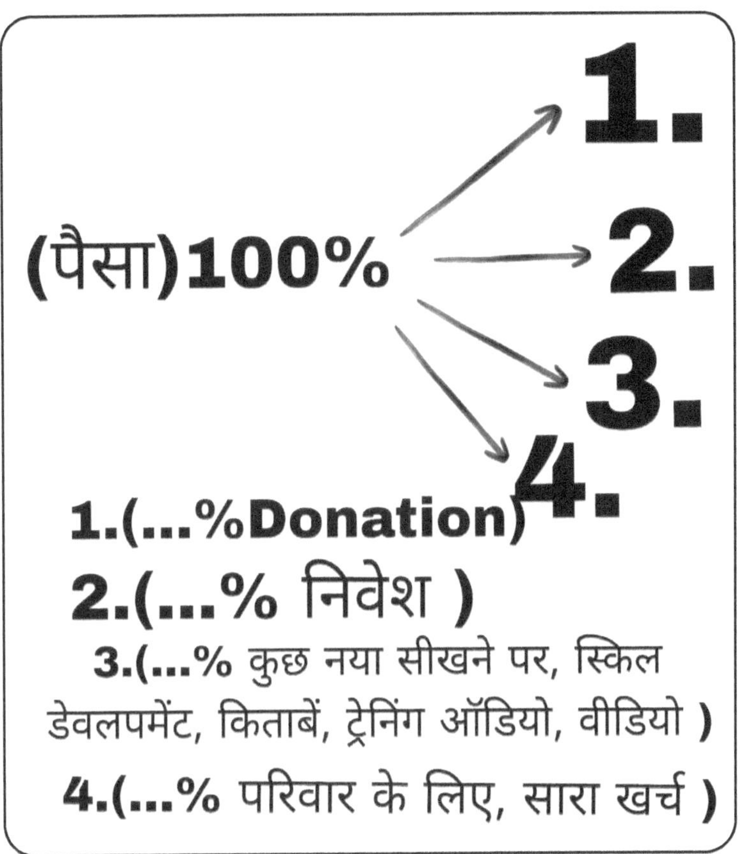

इसकी तैयारी आप आज ही कर लें कि आपका पैसा कहां-कहां पर जाएगा

बढ़ता हुआ सैलरी बढ़ता हुआ खर्च:-

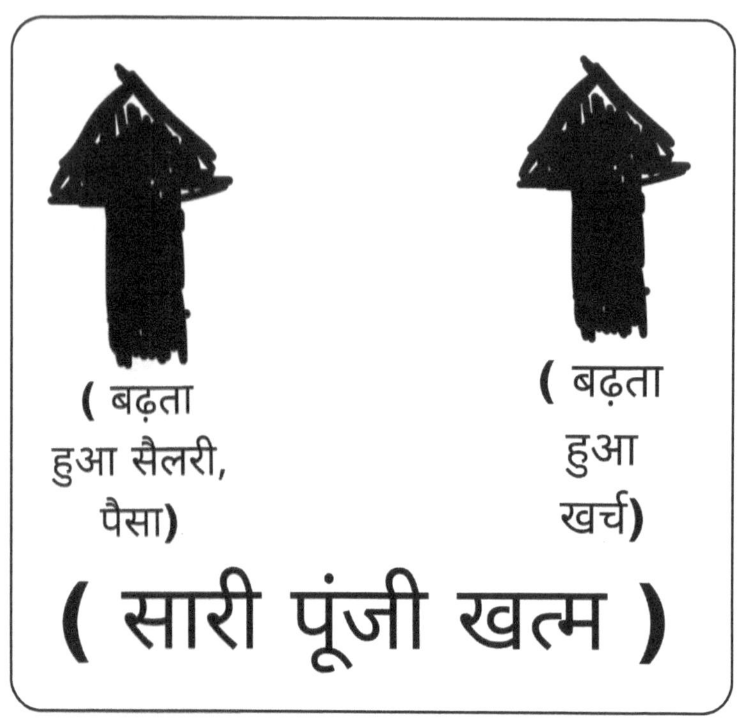

जब आपकी सारी पूंजी यानी कि आपका बीज खत्म हो गया तो आप पौधे कैसे उगाएंगे और जिंदगी भर सोते-सोते फल कैसे खाएंगे

इसलिए अपने पैसे को बर्बाद होने से बचाए इसे बर्बाद नहीं करना है इसे निवेश करना है

3. अपने पैसे को बढ़ाएं:- अब जब आपके पास पैसे आ रहे हैं और बच भी रहे हैं तो अब आप इसे कम पर लगा सकते हैं इसे निवेश कर सकते हैं आप निवेश करेंगे तो आपका पैसा काम करेगा एक कर्मचारी की तरह आपके लिए और

पैसा बनता रहेगा और कुछ समय के बाद आप आर्थिक रूप स्वतंत्र हो जाएंगे और आपको पैसे के लिए काम नहीं करना पड़ेगा पैसा आपके लिए काम करता रहेगा लेकिन इससे पहले की आप निवेश करें आपके निवेश के बारे में अच्छी तरह से समझनी चाहिए नहीं तो इसमें आर्थिक जोखिम की संभावना ज्यादा होती है इसलिए सबसे पहले आपको समझ लेनी चाहिए आपको किताबें पढ़नी चाहिए आपको ट्रेनिंग अटेंड करनी चाहिए आपको सफल लोगों से इसके बारे में सीखनी चाहिए उसके बाद रिसर्च करके ही कुछ करना चाहिए आप रिसर्च करके अपने बीज को उपजाऊ मिट्टी में लगा दें

सबक:-

1.आप पैसे कमाना शुरू करें

2. पैसे को बचाना सीखें,और इसे जरूर के अनुसार ही खर्च करें

3. अब पैसे को अपने लिए काम करने दें इसे निवेश करें पर निवेश करने से पहले इसके बारे में अच्छी तरह से रिसर्च करें कुछ सीखें

अमीर बनने का सबसे गलत सोच:-

1. पैसा कमाओ
2. पैसे को खर्च करो
3. पैसे को इकट्ठा करते रहो, पैसे को बचाओ बचा कर रखो,

बहुत सारे लोगों को ऐसा लगता है कि वह पैसा बचाते रहेंगे बचाते रहेंगे और एक दिन वह बहुत ही अमीर बन जाएंगे देखिए दोस्तों यह सोच बहुत ही गलत है और यह सोच पुरानी सोच है यह जो सोच है कि पैसा बचाओ पैसा बचाओ यह सोच हमारे डीएनए में कैसे आया देखिए पहले के समय में सोने और चांदी के सिक्के चलते थे इसलिए उस समय में लोग सोने और चांदी के सिक्के को बचाकर रखते थे लोग मिट्टी के अंदर छिपा कर रखते थे क्योंकि यह था धातु यह कभी भी काम आ सकता था लेकिन आज के समय में कागजी नोट चल रहे हैं और इसे बचा कर रखने में कोई फायदा नहीं है क्योंकि हमारी अर्थशास्त्र कभी भी क्रश हो सकती है इसलिए आज के समय अपने पैसों को बचाकर रखना मूर्खता है सरकार ने असली पैसे को नकली पैसे में बदल दिया है इसलिए नकली पैसे को बचा कर रखना बहुत बड़ी नुकसान हो सकती है

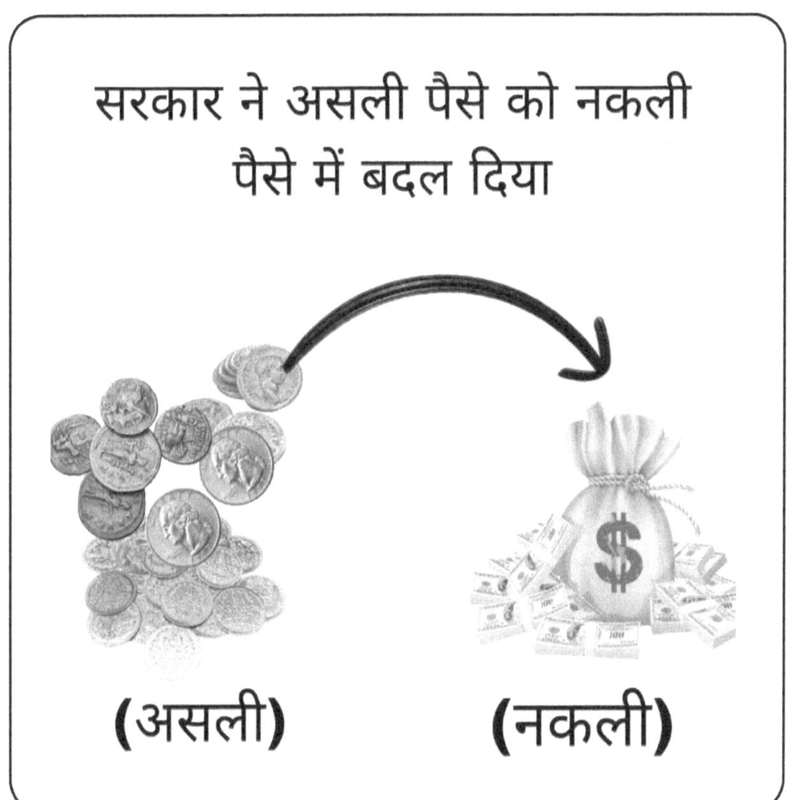

तो अब आपको क्या करना चाहिए आपको दोबारा से अपने नकली पैसे को असली पैसे में निवेश करना चाहिए, नकली पैसे से असली पैसे खरीदने चाहिए

"पैसे कमाने से ज्यादा जरूरी है इसे संभालना और इससे काम करवाना......शौर्य"

आपके 10 में दिन की सिख (डेट 10 लर्निंग)

1. समस्या यह नहीं है कि आपके पास पैसा नहीं है समस्या यह है कि आपको पैसे की समझ नहीं है कि यह कैसे कार्य करता है यह कैसे बढ़ता है

2. आर्थिक स्वतंत्रता प्राप्त करने की थ्री स्टेप फार्मूला (1. सबसे पहले आपको पैसे बनाने आना चाहिए,2.उसके

बाद आपको पैसे को अच्छी तरह से मैनेज प्रबंधन करने आना चाहिए,3. और आपको पैसे से कड़ी मेहनत करवाने आनी चाहिए)

3. सरकार ने आपके असली पैसे सोने चांदी को नकली पैसे कागज के नोट में परिवर्तित कर दिया है लेकिन कोई बात नहीं आप इसे दोबारा परिवर्तित कर सकते हैं

आपकी कार्य योजना (एक्शन प्लान)

1. आप पैसे के बारे में, निवेश के बारे में सबसे पहले सीखें आप सबसे पहले समझने की कोशिश करें पैसा कैसे काम करता है कैसे बनता है आप पैसे के ऊपर और निवेश के ऊपर बहुत सारे किताबें पढ़ सकते हैं, ट्रेनिंग अटेंड कर सकते हैं और यह प्रक्रिया आपके जीवन भर करनी है आपको जीवन भर पैसे के बारे में सीखते रहनी है

मनी मैनेजमेंट स्किल

दोस्तों आप बहुत सारे लोगों को यह कहते हुए सुनते हैं कि मैं बहुत ही गरीब हूं क्योंकि मेरे पास पैसा नहीं है अगर आप मेरी बात सुन तो मैं आपसे यही कहूंगा की कोई भी इंसान अमीर और गरीब अपने पैसे से नहीं बनता है पैसे की समझ से बनता है कोई भी व्यक्ति अमीर और गरीब अपने आदतों के कारण और पैसे की समझ के कारण बनता है चलिए इसे समझने की कोशिश करते हैं

=>

दो दोस्त थे पहले का नाम था एलॉन और दूसरे का नाम था रॉक दोनों ने एक साथ ही पढ़ाई की और दोनों की नौकरी भी एक साथ लग गई एलॉन की सैलरी महीने की ₹100000 थी और रॉक की सैलरी महीने की ₹200000 थी मैं आपसे एक छोटी सी सवाल

पूछता हूं इन दोनों में कौन ज्यादा अमीर है एलॉन...(1लाख)या रॉक.... (2लाख)

आप इसका निर्धारण इस बात से नहीं कर सकते कि जो आज ज्यादा पैसा कमा रहा हैं वह अमीर है और जो पैसा कम कमा रहा है वह गरीब है इसका निर्धारण इस बात से होना चाहिए कि दोनों अपने पैसे के साथ करते क्या है और भविष्य में कहां तक पहुंचेंगे जैसे मान लीजिए

1. एलॉन:- एलोन की जैसे ही सैलरी आती है वह कुछ पैसा अपने लिए बचा कर रख लेता है (50k), उसके बाद जो पैसा बच जाता है उन पैसों से अपना खर्च करता है, और जो पैसा वह अपने लिए बचाया था उन पैसों से वह कुछ किताबें खरीद लेता है, कुछ नया सीखने लगता है, स्किल डेवलपमेंट करने लगता है, ट्रेनिंग अटेंड करने लगता है, पैसे और निवेश के बारे में समझने लगता है और अपने पैसे को अच्छी जगह पर निवेश करने लगता है 100000 में ही वह अपना सारा काम कर लेता है और उसके साथ कुछ निवेश भी कर देता है

2. रॉक:- रॉक की जैसे ही सैलरी आती है वह खर्च करना शुरू कर देता है महंगे फोन महंगे जूते महंगे कपड़े महंगे घड़ी पार्टी करना घूमने दोस्तों को गिफ्ट देना मे सारा पैसा खर्च कर देता है

एक सवाल आपसे अब आप बतलाइए दोनों में से कौन ज्यादा अमीर है?.........

1. एलोन जरूरत के अनुसार ही खर्च करता है और उसके बाद बचे हुए पैसे से वह कुछ सिखता है वह पैसे के बारे में निवेश के बारे में सिखता है और अपने पैसे को निवेश करता है

2. रॉक अपना सारा पैसा घूमने में पार्टी करने में कपड़े घड़ी फोन लैपटॉप गाड़ी खरीदने में खर्च कर देता है

अभी कुछ समय के लिए रॉक लोगों को अमीर लग सकता है क्योंकि वह ज्यादा पैसे कमा रहा है ज्यादा पार्टी कर रहा है ज्यादा घूम रहा है ज्यादा मौज मस्ती कर रहा है उसके पास ब्रांडेड ब्रांडेड कपड़े हैं ब्रांडेड जूते ब्रांडेड घड़ी ब्रांडेड लैपटॉप ब्रांडेड फोन और भी बहुत कुछ है इसलिए ज्यादातर लोगों को रॉक अमीर लग सकता है लेकिन ऐसा बिल्कुल भी नहीं है रॉक अमीर बनने का दिखावा कर रहा है वह अमीर नहीं है अमीर होने में और अमीर दिखने में बहुत फर्क होता है और वह अमीर दिखने के चक्कर में दिनों पर दिन और ज्यादा गरीब बनते जा रहा है क्योंकि वह सारा का सारा पैसा बर्बाद कर रहा है अभी वह शादी करेगा, बच्चे पैदा करेगा, नया घर लगा, नई कार लेगा लोन लेगा बच्चों को पढ़ाएगा बच्चों को पढ़ने के लिए और ज्यादा लोन लेगा और इसी तरह वह लोन के दलदल में फसता जाएगा और उसी में एक दिन मर जाएगा और इसके लोन का कर्ज़ इसके परिवार वालों पर आ जाएगी और इसका लिया हुआ कर्ज इसके परिवार वालों को ही चुकाना पड़ेगा और हो सकता है इसकी घर भी बिक जाए ऐसे किसी एक व्यक्ति की गलती के कारण पूरे परिवार संकट में पड़ जाएगी लेकिन एलोन के साथ ऐसा कुछ नहीं होगा और वह दोनों के दिन अमीर बनता जाएगा, वह आर्थिक रूप से स्वतंत्र हो जाएगा, उसे आप पैसे की कोई टेंशन नहीं रहेगी अब वह पैसे के लिए काम नहीं करेगा पैसा उसके लिए काम करेगा और अब वह अपने सारे सपने पूरे कर सकता है घर लेना, नई कार लेना, कपड़े खरीदना शॉपिंग करना जूते खरीदना नया मोबाइल खरीदना नया लैपटॉप खरीदना और भी उसके जो भी सपने हो सबको पूरा कर सकता है, पार्टी करना घूमना

आपसे एक सवाल:- अगर आपको ₹1 करोड़ दिया जाए तो आप क्या करेंगे

1. नया घर लेंगे नई कार लेंगे, नया फोन लेंगे नया लैपटॉप लेंगे ब्रांडेड कपड़े लेंगे ब्रांडेड जूते लेंगे और मौज मस्ती पार्टी करेंगे नई -नई जगह पर घूमेंगे

2. आप निवेश करेंगे(स्टॉक में कंपनी में रियल एस्टेट कोई नया बिजनेस करेंगे) किसी बिजनेस में निवेश करेंगे, संपत्ति बनाएंगे

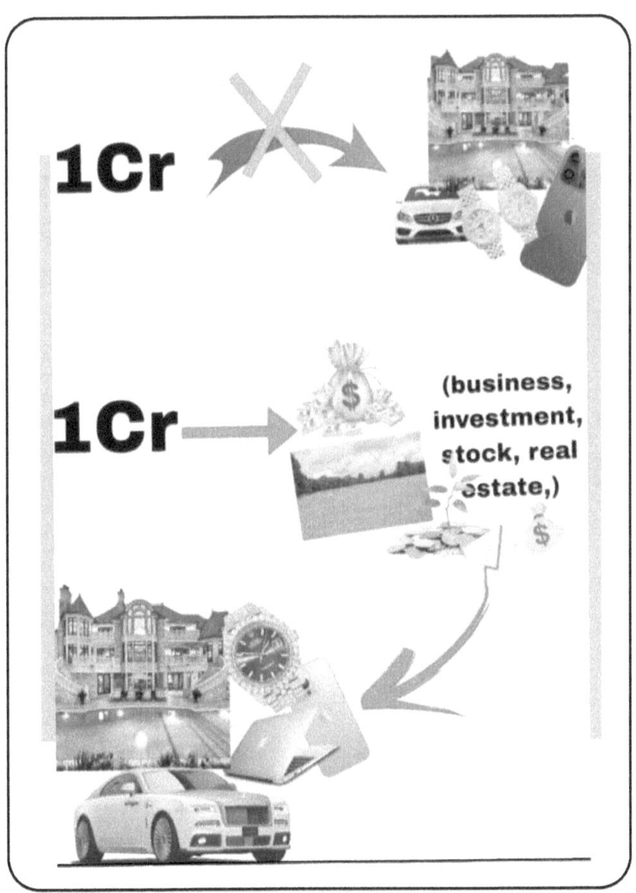

अगर अपने विकल्प नंबर 1 चुना है तो आपको इस किताब पढ़ने से कोई फायदा नहीं है आप किताब पढ़ना बंद कर दीजिए (मेरा यह किताब लिखने का यही उद्देश्य है कि आप निवेश के बारे में सीखें, आप स्किल डेवलपमेंट करें, आप आत्मनिर्भर बने, आप बिजनेस करें आप अपने पैसे को निवेश करें आप पैसे के बारे में सीखें)

शुरुआत एक जैसी पर अंत अलग-अलग:-

देखिए दोस्तों दोनों की शुरुआत एक जैसी हुई थी दोनों ने एक जैसे ही पढ़ाई की एक जैसा ही नौकरी किया लेकिन अंत में परिणाम दोनों का अलग-अलग हुआ जबकि रॉक एलोन से दोगुना पैसा कमा रहा था एक मरा गरीबी में और एक मरा अमीरी में एक मरा तो अपने परिवार वालों पर कर्ज छोड़ कर गया जबकि दूसरा मरा तो अपने परिवार वालों के लिए बहुत सारा पैसा, धन छोड़कर गया एक का बच्चा अपनी जिंदगी की शुरुआत जीरो से करेगा जबकि दूसरे का बच्चा अपनी जिंदगी की शुरुआत वहां से करेगा जहां से उसके पिता छोड़ गए हैं

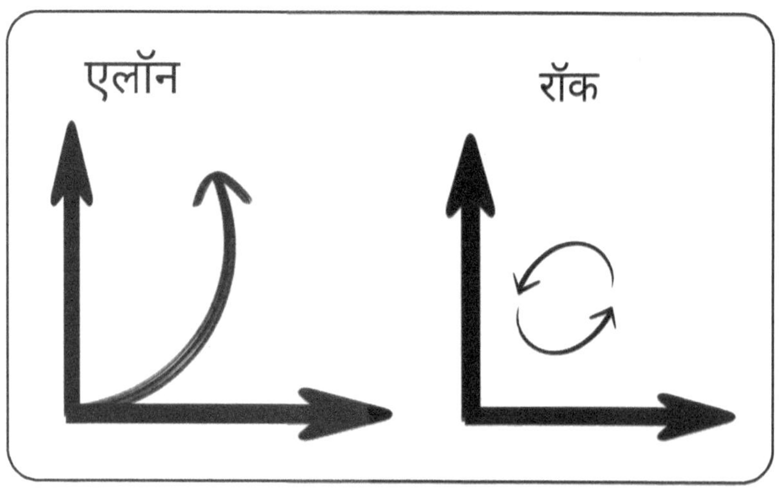

अपनी पूंजी को कभी ना मारे:-

ज्यादातर लोग यही गलतियां करते हैं कि जैसे ही वह पैसे कमाने शुरू करते हैं और उनकी सैलरी आने लगती है वैसे ही वह अपना खर्चा बढ़ा लेते हैं और अपना सारा का सारा पूंजी को खत्म कर देते हैं और यही उनके आर्थिक स्वतंत्रता में सबसे बड़ी बाधा बन जाती है और उनको जीवन भर गरीब ही रख देती है अगर दोस्तों आपको अमीर बनना है आर्थिक स्वतंत्रता प्राप्त करनी है तो आपको यह गलती कभी नहीं करनी है पैसा आना शुरू और पैसा जाना शुरू यह आर्थिक स्वतंत्रता में सबसे बड़ी बाधा है आपकी जेब फटी हुई है पहले इसे ठीक कर ले

अब दोस्तों आप सभी के दिमाग में यह सवाल बार-बार गूंज रहा होगा क्या आखिरकार हम अपने पैसे को करें क्या आप अपने पैसे से पैसे के बारे में सीखें आप निवेश के बारे में सीखें आप अपना स्किल डेवलपमेंट करें आप अपने पैसे को निवेश करें ताकि आपका पैसा आपके लिए कम करें दोस्तों आपने यह वाली कहानी तो जरूर सुनी होगी एक किसान था उसके पास एक ऐसी मुर्गी थी जो हर रोज सोने का एक अंडा देती थी लेकिन किसान लालच में आकर यह सोचा कि एक दिन में ही मैं सारे मुर्गी के अंडे निकाल लेता हूं और मैं बहुत ज्यादा अमीर 1 दिन में ही बन जाऊंगा और लालच में आकर वह मुर्गी को काट देता है और मुर्गी के पेट से कुछ नहीं निकलता है और वह रोने लगता है दोस्तों यही बात ज्यादातर लोगों के साथ होती हैं उनके पास पैसे जैसे ही आते हैं वह खर्च कर देते है अगर आप अपना ज्यादा पैसा नहीं बचा पाएंगे तो अपने इनकम का लगभग 20% हिस्सा बचा ले खुद के लिए और उस पैसे को निवेश करें उस पैसे से कुछ नया सीखें लगभग 20% पैसा आपके दिमाग में लगना चाहिए

> करोड़ों डॉलर की बात आसान शब्दों में:-
>
> सैलरी, पैसा => निवेश के बारे में सीखना => रिसर्च करना => अपने पैसे को निवेश करना

क्या आपको अपनी तालाब जल्दी भरनी है?...

मान लीजिए अगर आपको अपना तालाब जल्दी भरना है तो आप क्या करेंगे आप उसमें ज्यादा से ज्यादा जगह से पानी लाने के लिए रास्ते बनाएंगे, ज्यादा मोटर लगाएंगे इस तरह मान लीजिए अगर आपके बैंक अकाउंट को जल्दी भरना है, आपके पोर्टफोलियो को बहुत जल्दी भरना है, आपके बटुए को जल्दी भरना है और आपको बहुत जल्दी ही आर्थिक स्वतंत्रता प्राप्त करनी है तो आप क्या करेंगे आपको अपनी इनकम सोर्स को बढ़ानी होगी आपको केवल एक जगह से नहीं कई जगह से पैसे आने चाहिए आप अपनी इनकम सोर्स बढ़ाइये लगभग आपके पास 7 जगह से पैसे आना चाहिए तब आप बहुत जल्द आर्थिक रूप से स्वतंत्र होंगे

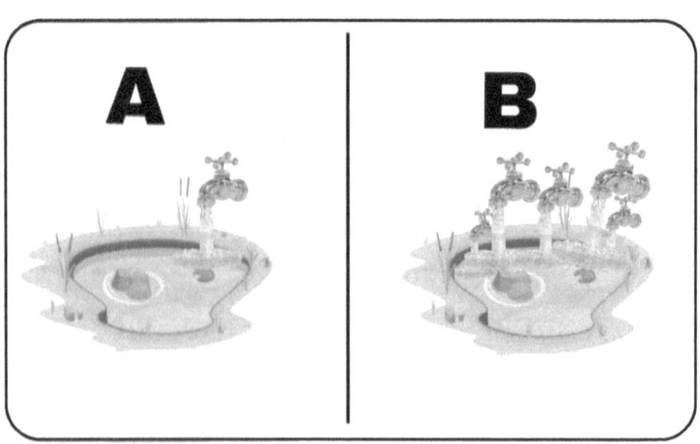

कौन तालाब पहले भरेगा?......A......B......

आपके 11 वें दिन के सिख (डे 11 लर्निंग)

1. अपने निष्क्रिय आय की संख्या बढ़ाइये आपके पास लगभग सात जगह से पैसे आने चाहिए पानी की तरह
2. पैसे से कोई अमीर नहीं बनता है अगर ऐसा होता तो लॉटरी जीतने वाले अमीर बनने के बाद भी गरीब नहीं बनते हैं
3. अपनी पूरी पूंजी को कभी ना मारे इससे अच्छी जगह पर लगाए ताकि यह आगे बढ़ता रहे और आपको कुछ रिटर्न दे
4. ....आपने आज जो भी सीखा उसे लिखें

आपकी कार्य योजना (एक्शन प्लान)

1. लगातार सीखने की गुण अपने अंदर विकसित करें
2. अपना इनकम सोर्स बढ़ाते रहें और इसे बढ़ाने के लिए आप अलग-अलग जगह पर निवेश करें, और नए-नए तरीके खोजते रहे

पब्लिक स्पीकिंग स्किल

पब्लिक स्पीकिंग मुझे लगता है सभी स्किल का पिता है लगभग सभी स्किल का संबंध पब्लिक स्पीकिंग से आवश्यक है सभी स्किल इसके चारों तरफ घूमती रहती है आप पब्लिक स्पीकिंग स्किल अगर अपने अंदर डेवलप कर लेते हैं तो आपका कम्युनिकेशन स्किल आपका स्टोरी टेलिंग स्किल, आपका लीडरशिप स्किल आपका टीम मैनेजमेंट स्किल आपका नेटवर्किंग स्किल आपका रिलेशनशिप और भी बहुत सारे स्किल पर सकरात्मक प्रभाव पड़ता है इसलिए आप सभी को इसको अपने अंदर विकसित करना होगा इसको आप कैसे विकसित करेंगे इसके बारे में हम आगे चर्चा करेंगे कहां से आप इसको विकसित कर सकते हैं

आपके 12 वें दिन का सिख (डेट 12 लर्निंग)

1. पब्लिक स्पीकिंग स्किल का संबंध सभी स्किल से है इसलिए इसे अपने अंदर विकसित करना बहुत ज्यादा जरूरी है हम सभी के लिए

आपकी कार्य योजना (एक्शन प्लान).

1. आप इस किताब से जो कुछ भी सीख रहे हैं उसे अपने दोस्तों, परिवार वालों बच्चों, के साथ शेयर करें आप सभी को एक कमरे में बुला ले और इस बुक में आपने जो सिखा आपने पहले दिन क्या सीखा उसके बारे में बतलाएं विस्तार रूप से अपने दूसरे तीसरे दिन क्या सीखा इसके बारे में बताएं जिससे आपका पब्लिक स्पीकिंग स्ट्रांग होगा

2. आपको जहां भी बोलने का मौका मिले आप उस मौके का भरपूर फायदा उठाएं और जरूर बोलें

3. आप अपने दोस्तों को इकट्ठा करके किसी भी टॉपिक के ऊपर चर्चा करें बोले इसके लिए आप पहले से ही लिखित तैयारी कर ले आप क्या बोलेंगे कैसे बोलेंगे

4. आप लगातार 3 महीने तक हर रोज वीडियो बनाएं आप किसी भी टॉपिक के ऊपर वीडियो बना सकते हैं उसे आप सोशल मीडिया पर अपलोड करें या ना करें लेकिन लगातार 90 दिन तक यह कार्य जरूर करें

सेल्फ मैनेजमेंट स्किल

"अगर आप महान बनना चाहते हैं तो आपको सबसे पहले खुद को बदलना पड़ेगा, खुद को ही संभालना पड़ेगा......
शौर्य"

जो व्यक्ति खुद को नहीं संभाल सकता वह क्या देश, समाज, व्यवसाय, परिवार, अपनी टीम, इसलिए अगर आप पूरी दुनिया को संभालना चाहते हैं तो सबसे पहले खुद को संभालना पड़ेगा पूरी दुनिया को बदलना चाहते हैं तो खुद को बदलना पड़ेगा सेल्फ मैनेजमेंट स्किल दुनिया के सभी प्रभावशाली लोगों में पाया गया है जिन्होंने इस पूरी दुनिया पर राज किया है जिन्होंने इस दुनिया को पूरी तरह से बदल के रख दिया है जो दुनिया का सबसे क्रांतिकारी और महान लीडर हैं सेल्फ मैनेजमेंट का अर्थ होता है

खुद को अच्छी तरह से संभालना (आत्म प्रबंधन) इसके अंतर्गत निम्न विषय आता है

1. गोल सेटिंग (लक्ष्य निर्धारण)
2. टाइम मैनेजमेंट
3. रिस्क लेना और रिस्क को संभालना
4. सकारात्मक रहना सकारात्मक सोचना
5. आत्म प्रेरणा(सेल्फ मोटिवेशन)
6. डिसीजन लेना
7. लगातार सीखते रहना
8. ....
9. ....
10. ....इन सभी के बारे में विस्तार रूप से चर्चा हम इस बुक के अंतिम हिस्से में करेंगे

आपके 12वें दिन के सिख (डे 12लर्निंग)

1. दुनिया को मैनेज करने से पहले खुद को मैनेज करें दुनिया को बदलने से पहले खुद को बदलें

कार्य योजना (एक्शन प्लान)

1. आप कोई भी कार्य करना चाहते हैं उसे कार्य को करने से पहले अपना क्यों साफ कर ले (व्हाई क्लियर) आप वह कार्य क्यों करना चाहते हैं अगर आपका क्यों मजबूत है तो आपको मोटिवेशन की जरूरत ही नहीं पड़ेगी मोटिवेशन दो प्रकार के होते हैं आंतरिक और बाहरी बाहरी मोटिवेशन बाहर के चीजों को देखकर आती है और आंतरिक मोटिवेशन अंदर की जरूरत से आती है अंदर के परेशानियों से आती है और यह सबसे ज्यादा मजबूत होती है इसलिए सबसे पहले अपना क्यों साफ कर ले

ऑनलाइन, सोशल मीडिया, डिजिटल नॉलेज, स्किल

आज के समय मे लगभग प्रत्येक व्यक्ति सोशल मीडिया का उपयोग कर रहा है लेकिन फिर भी ज्यादा लोग इसका उपयोग टाइम पास, और एंटरटेनमेंट के लिए करते हैं और केवल कुछ परसेंट लोग ही सोशल मीडिया का उपयोग करके अपना बिजनेस बना रहे हैं और पैसा कमा रहे हैं पैसिव इनकम का सोर्स बना रहा

है हम सभी लोग बहुत ही सौभाग्यशाली हैं कि हम ऐसे युग में जन्म लिए हैं जहां आप घर बैठे अपना बिजनेस चला सकते हैं इंटरनेट और सोशल मीडिया के मदद से लेकिन दुर्भाग्य है हमारा के हम इस शक्ति का अच्छी तरह से उपयोग नहीं कर रहे हैं और कर भी रहे थे केवल अपने समय की बर्बादी के लिए अगर आप कुछ सीखना चाहते हैं तो सोशल मीडिया, इंटरनेट पर इतना कुछ उपलब्ध है जितना आज तक पहले कभी नहीं हुआ इसलिए आप इसका बहुत ही अच्छी तरह से फायदा उठाइए

और अपना बिजनेस ऑनलाइन बनाइये क्योंकि आज के समय में जो बिजनेस ऑनलाइन नहीं है वह बिजनेस ही नहीं है

आज के समय में सोशल मीडिया वरदान है:- क्योंकि आप इसका उपयोग करके आज कुछ भी कर सकते हैं

1. आप घर बैठे बिजनेस कर सकते हैं और पैसा कमा सकते हैं
2. आप अपना इनकम सोर्स ज्यादा बढ़ा सकते हैं
3. आप पैसिव इनकम का सोर्स बना सकते हैं
4. आप अपना मार्केटिंग कर सकते हैं
5. आप अपनी बातों को पूरी दुनिया तक बहुत ही आसानी से पहुंचा सकते हैं
6. आप बहुत तेजी से वायरल हो सकते हैं
7. इसका खर्च लगभग बहुत ही कम है जीरो के बराबर
8. इसमें समय और पैसे का कोई भी बंधन नहीं है आप अपना प्रोडक्ट 24 घंटे बेच सकते हैं
9. आपका प्रोडक्ट दुनिया का कोई भी व्यक्ति कहीं से भी खरीद सकता है इसमें कोई सीमित क्षेत्र नहीं है कोई भी बंधन नहीं है
10. असीमित आय का स्रोत बना सकते हैं

आपके 13 वें दिन का सिख (डे 13 लर्निंग)

1. अगर आपको बहुत ही कम समय में बहुत बड़ी सफलता चाहिए था आपको सोशल मीडिया की मदद लेनी चाहिए

2. अगर आप सोशल मीडिया का सही से उपयोग करें तो यह आपके लिए वरदान है

3. इंटरनेट और सोशल मीडिया का मदद से अब कोई भी बंधन नहीं है ना ही पैसे का और ना ही समय का इसलिए इसका उपयोग करें

4. अगर आप सोशल मीडिया से कुछ सीख भी नहीं रहे हैं अपना बिजनेस भी नहीं बढ़ा रहे हैं कुछ पैसा भी नहीं कमा रहे हैं तो आप सोशल मीडिया का उपयोग नहीं कर रहे हैं सोशल मीडिया आपका उपयोग कर रहा है

आपकी कार्य योजना (एक्शन प्लान)

1. आपको सोशल मीडिया का उपयोग केवल दो कामों के लिए करना है पहला कुछ नया सीखने के लिए, और दूसरा पैसा कमाने के लिए, अपना बिजनेस बढ़ाने के लिए, अपना मार्केटिंग करने के लिए, अपना ब्रांड बनाने के लिए

पीपल मैनेजमेंट स्किल

आप कोई बड़े लीडर हैं या आप कोई व्यवसाय चला रहे हैं आपको लोगों को संभालना होगा आपको लोगों को अपने साथ रखना होगा सभी के साथ गहरा संबंध बनाना होगा लोग ही आपकी सम्पति है लोगों के मदद से ही आपको बहुत बड़ी सफलता मिलेगी जब आप लोगों को नहीं संभाल पाएंगे तो आप अपना व्यवसाय भी नहीं संभाल पाएंगे और लेकिन अगर आप अपना व्यवसाय संभालना चाहते हैं तो सबसे पहले लोगों को सम्मान ना होगा और लोग आपका व्यवसाय संभाल लेंगे इसके बारे में और ज्यादा विस्तार से हम लोगों ने लीडरशिप स्किल मे बात कर ली है

आपके 14 वें दिन की सीख (डे 14 लर्निंग)

1. आप लोगों से अच्छा रिश्ता बनाएं, लोगों की मदद करें,
2. आप अपनी टीम के सभी सदस्य के साथ बहुत ही गहरा रिश्ता बनाएं

3. लोग जिस काम को अच्छी तरह से कर सकते हैं उन्हें वही काम दे जो वह कर सकते हैं क्योंकि सभी लोग सभी काम नहीं कर सकते हैं

आपकी कार्य योजना (एक्शन प्लान)

1. लोगों को ध्यान से सुने लोगों की मदद करें लोगों से गहरा रिश्ता बनाएं क्योंकि लोग ही आपकी असली संपत्ति हैं यह कार्य जीवन भर करें

नेटवर्किंग स्किल

एक सफल और समझदार व्यक्ति अपने जैसे लोगों के साथ नेटवर्क बनाता है ताकि वह दोनों लोग मिलकर एक दूसरे के मदद करके और ज्यादा सफल हो सके और आगे बढ़ सकें सफल लोग भी नेटवर्क बनाते हैं और असफल लोग भी नेटवर्क बनाते हैं दोनों में फर्क बस इतना होता है कि सफल लोग सफल लोगों के साथ नेटवर्क बनाते हैं और असफल लोग असफल लोगों के साथ नेटवर्क बनाते हैं सफल लोग अपने से ज्यादा सफल लोगों के साथ नेटवर्क इसलिए बनाते हैं क्योंकि उनसे वह कुछ सीख सकें और आगे बढ़ सके

अगर आपको भी सफल बना है तो अपने से ज्यादा सफल लोगों के साथ नेटवर्क बनाना पड़ेगा क्योंकि आप जिन लोगों के साथ रहेंगे जैसे लोगों के साथ रहेंगे वैसे ही बन जाएंगे इसलिए आप

जिन लोगों के जैसा बनना चाहते हैं वैसे लोगों के साथ नेटवर्क बनाएं उनसे सीखें वह कैसे सफल हुए उन्होंने क्या किया उन्होंने कैसे किया घर से बाहर निकले नए-नए लोगों से मिले नए-नए लोगों से दोस्ती करें लेकिन वही लोग से दोस्ती करें जो आपसे ज्यादा सफल हो आपसे ज्यादा सफल व्यक्ति आपको ज्यादा सफल बनाएगी (इसके बारे में हमने लीडरशिप स्किल और पीपल मैनेजमेंट स्किल में चर्चा की है सभी का संबंध एक दूसरे से है)

> "अगर आप सफल होना चाहते हैं और कुछ सीखना चाहते हैं तो उन लोगों के साथ दोस्ती करें जो आपसे ज्यादा सफल हैं......शौर्य"

आपके 15वें दिन का सिख (डे 15 लर्निंग)

1. आप अपने से ज्यादा सफल लोगों के साथ नेटवर्क बना कर रखें कोई भी व्यक्ति कभी भी काम आ सकता है
2. अगर आप लोगों से सच्चा रिश्ता बनाते हैं तो यह बहुत ही अच्छी बात है

कार्य योजना (एक्शन वर्क)

1. आप कहीं भी जाएं लोगों से अच्छा रिश्ता बनाएं, लोगों से मिले लोगों से बातें करें लोगों को ध्यान से सुने उनकी मदद करें

ह्यूमन साइकोलॉजी स्किल

इस दुनिया के ज्यादातर लोग ह्यूमन साइकोलॉजी को समझने की ना ही कोशिश करते हैं और ना ही इसे समझते हैं ह्यूमन साइकोलॉजी का उपयोग हर एक जगह पर है चाहे आप कुछ भी करते हो आपको लोगों के बिहेवियर को समझना बहुत आवश्यक है तभी आप उनके लिए कुछ भी कर सकते हैं इस स्किल का उपयोग:-

1. टीम को संभालने में
2. लोगों से काम करवाने में
3. मार्केटिंग करने में
4. ब्रांड बनाने में
5. लोगों के साथ अच्छा रिश्ता बनाने में

6. सेल्स में
7. किसी को शादी के लिए राजी करने में
8. कोई रिश्ता सुधारने में
9. कोई बिजनेस, स्टार्टअप चलाने में
10. ....और भी बहुत जगह पर होता है

आप कुछ भी करते हो आप लोगों के संपर्क में ही रहते हैं या लोगों से काम करवाते हैं या लोगों के लिए काम करते हैं तो आपको लोगों को समझना बहुत ज्यादा आवश्यक है तभी तो लोग आपको पसंद करेंगे और आप लोगों से अच्छा रिश्ता बन पाएंगे इसलिए ह्यूमन साइकोलॉजी का उपयोग हर एक जगह पर होता है और इसे समझना बहुत ही आवश्यक है और भी विस्तार से समझने की कोशिश करते हैं अगर मान लीजिए आप लीडर है और आपको बहुत सारे लोगों की टीम को संभालना है उनसे काम करवाना है तो आपको उनको समझना होगा आप मार्केटिंग कर रहे हैं तो आपको अपने कस्टमर को समझना होगा तभी आप सफल हो पाएंगे अगर आप सेल कर रहे हैं तो भी आपको अपने कस्टमर को समझना होगा आप लोगों से अच्छा रिश्ता बनाना चाहते हैं तो सामने वालों को अच्छी तरह से समझना होगा तब ही आप लोगों से अच्छा रिश्ता बन पाएंगे

मार्केटिंग में भी लोगों को लुभाने के लिए ह्यूमन साइकोलॉजी का उपयोग किया जाता है जैसे आप देख सकते हैं

लोगों को फ्री वाली चीज बहुत ज्यादा आकर्षक लगती है यहां पर आपके सामने दो उदाहरण है और दोनों एक समान है पहले उदाहरण में एक बैग के साथ एक घड़ी $49.99 मे बेचीं जा रही है दूसरे उदाहरण में भी यही बात है लेकिन वहां पर यह बोला गया है कि बैग के साथ घड़ी फ्री मिल रहा है इसलिए फ्री वाली चीज ज्यादा आकर्षक लगेगी किसी भी व्यक्ति को सेल्समैन को बैग और घड़ी दोनों एक साथ ही बेचनी थी और वह भी $49.99 में लेकिन फ्री शब्द जोड़ देने से अब माल ज्यादा बिक जाएगी

बिजनेस को बढ़ाने के लिए भी बहुत बड़ी-बड़ी कंपनियां साइकोलॉजी का उपयोग करती है वह लोगों को लुभाने के लिए कुछ ऑफर देता है लेकिन ऑफर कुछ नहीं होता है उन्हें वह प्रोडक्ट को उतने दाम पर ही बेचना है लेकिन उसकी मूल्य ज्यादा बढ़ाकर

और 50% ऑफ लेफ्ट 30 मिनट दिखा कर अपना प्रोडक्ट बेच देती है

सोशल मीडिया एप्स भी ह्यूमन साइकोलॉजी का उपयोग करती है आप जैसे वीडियो देखते हैं आपको वैसे ही वीडियो दिखाई जाती है

आपके 16वें दिन की सीख (डे 16 लर्निंग)

1. लोगों को समझना बहुत ज्यादा आवश्यक है जब हम लोगों को समझ जाएंगे तभी हम उनसे अच्छा रिश्ता बना पाएंगे तभी हम उनकी पसंद की बातें कर पाएंगे तभी हम उनकी मदद कर पाएंगे तभी हम उनको प्रोडक्ट बेच पाएंगे तभी हम ब्रांड बना पाएंगे तभी हम शादी के लिए राजी कर पाएंगे

2. ....आपने जो कुछ भी सीख है उसे नोट करें अपने डायरी पर

आपकी कार्य योजना (एक्शन प्लान)

1. जब भी कोई व्यक्ति आपसे बातें करें उसको ध्यान से सुने उसकी बात बीच में ना काटे इस प्रकार आप लोगों के बारे में ज्यादा समझ पाएंगे उन्हें क्या पसंद है उन्हें क्या पसंद नहीं है और भी बहुत कुछ आप लोगों के बारे में ही बातें करें अपने बारे में नहीं उनके बारे में ही सवाल करें

पर्सनल ब्रांडिंग स्किल

अब आप अपने नाम को ब्रांड बनाइये आप अपनी पहचान बनाए लोगों के बीच ताकि आपको बहुत सारे लोग जान खुद का पहचान बनाना बहुत ज्यादा आवश्यक है

पर्सनल ब्रांडिंग का अर्थ क्या हुआ इसका अर्थ यही है कि आखिरकार आपका पहचान किया है मार्केट में आपने पैसा बहुत कमाया पर फिर भी आपका ब्रांड क्या है आपकी पहचान क्या है लोगों के बीच अगर लोग आपको पैसे से पहचानते हैं तो आप बहुत गरीब हैं साहब क्योंकि आपने केवल पैसे कमाए पैसे कमाने के साथ-साथ आप अपने आप को इतना ज्यादा विकसित कर लें आप अपना इतना ज्यादा पहचान बना ले की आपका नाम ब्रांड बन जाए जिस प्रकार से महात्मा गांधी, नरेंद्र मोदी डॉनल्ड ट्रंप, एलॉन मुस्क, रतन टाटा, सचिन तेंदुलकर, विराट कोहली, बैल गेट्स मार्क जुकरबर्ग, स्टीव जॉब्स, रोनाल्डो, एंथोनी रॉबिंस, अमिताभ बच्चन, और भी बहुत सारे लोगों ने अपने नाम को ब्रांड बना दिया

आपकी पहचान इस बात से नहीं होनी चाहिए कि आपके पास विला है प्राइवेट जेट है लग्जरी गाड़ी है आईलैंड प्राइवेट पूल है बहुत सारा पैसा है लग्जरी बांग्ला है आपकी पहचान आपके काम से होनी चाहिए, आपकी पहचान आपकी नाम से होनी चाहिए क्योंकि जरूरी नहीं है कि आपके पास जो है धन दौलत गाड़ी घर यह हमेशा रहेगी यह हो सकता है कि आज है और कल ना भी रहे लेकिन आप जैसे इंसान बन जाएंगे वह आज भी रहेंगे वह कल भी रहेंगे और वह जाने के बाद भी रहेंगे इसलिए आप अपना खुद का ब्रांड अनाइये आप एक बहुत ही अच्छा इंसान बनने की कोशिश करें अपनी देश की सेवा करें बहुत सारे लोगों की मदद करें अपने समाज मे कुछ सकारात्मक परिवर्तन कीजिए आप प्रकृति में कुछ सकारात्मक बदलाव कीजिए आप बहुत सारे लोगों के जीवन में सकारात्मक बदलाव कीजिए क्योंकि जाने के बाद यही चीज आपके साथ रहेगी आप सकारात्मक बदलाव कीजिए अपने चारों तरफ सबसे प्यार कीजिए सबकी मदद करने की कोशिश कीजिए आपसे जितना हो सकता है उतना मदद कीजिए

आपके 17 वें दिन की सिख (डे 17 लर्निंग)

1. इस पूरी दुनिया में अपना पहचान बनाए, अपने नाम को ब्रांड बनाएं लोगों की मदद करें लोगों की सेवा करें
2. ....आपने आज जो कुछ भी सीखा उसे लिखें

आपकी कार्य योजना (एक्शन प्लान)

1. खुद को विकसित करने पर मेहनत करें, खुद को विकसित करें किताबों से सीखें लोगों के अनुभव से सीखें लोगों की गलतियों को आप कभी ना दोहराएं

खंड 3

खंड 3 में हम यहां सीखेंगे की अपना करियर विकल्प कैसे चुने

अपना करियर विकल्प कैसे चुने?....

हम सभी मे से ज्यादातर लोग अपना करियर विकल्प ही गलत चुन लेते हैं जिस कारण से वह लोग अपने जीवन में सफल नहीं बन पाते हैं अगर आप अपने जीवन की शुरुआत ही गलत तरीके से करेंगे तो इसका अंत भी गलत होगा अगर आप गलत रास्ते पर निकल पड़े हैं तो गलत जगह पर ही पहुंचेंगे लेकिन अगर आपने सही रास्ते चुना है तो आप सही जगह पर अवश्य पहुंचेंगे अगर हम गलत रास्ते पर दौड़ेंगे तो गलत जगह पर ही पहुंचेंगे और अपनी मंजिल तक कभी नहीं पहुंच पाएंगे हम सभी लोग सफल होने के लिए पैदा हुए हैं क्योंकि हर बच्चा एक वैज्ञानिक होता है उसमें शुरुआत से ही सीखने के गुण होते हैं आगे बढ़ने की गुण होती है लेकिन जब हम अपनी जिंदगी की शुरुआत ही गलत तरीके से कर देते हैं तो इसका परिणाम यही होता है कि हम अपनी लाइफ में संघर्ष करने लगते हैं हमारे हाथ में सफलता नहीं असफलता और निराशा आती है इस खंड में हम यही सीखने की कोशिश करेंगे आखिरकार कोई भी व्यक्ति अपना करियर विकल्प कैसे चुने और उसमें आगे कैसे बढ़े

> "जब शुरुआत सही होगा तो अंत भी सही होगा......शौर्य"

दिखावे का मायाजाल:-

इस दुनिया के ज्यादातर लोग अपना करियर विकल्प अपने आप को खुद को देखकर खुद को समझ कर नहीं चुनते हैं किसी और दूसरे को देखकर चुनते हैं अरे वह डॉक्टर है और वह बहुत ज्यादा पैसा कमाता है इसलिए मुझे भी डॉक्टर बनना है, अरे वह शिक्षक है बहुत ज्यादा पैसा कमाता है इसीलिए शिक्षक बनना है अरे वाह

वह एक बिजनेसमैन है उसके पास बहुत बड़ी गाड़ी है बहुत बड़ा घर है बहुत ज्यादा पैसा है इसलिए मुझे बिजनेस करना चाहिए ताकि मैं भी ज्यादा पैसा कमा सकूं, अरे वह चार्टर्ड अकाउंटेंट है उसके पास बहुत ज्यादा पैसा है इसलिए मुझे चार्टर्ड अकाउंटेंट बनना है

इसी सोच और मानसिकता के अनुसार लोग पूरी जिंदगी भागते रहते हैं और संघर्ष करते रहते हैं और अपनी जिंदगी में कभी भी संतुष्ट और सफल नहीं हो पाते हैं क्योंकि इन्होंने दूसरे को देखकर अपना करियर विकल्प चुना होता है अगर यह लोग अपने आप को समझ कर अपना करियर विकल्प चुनते तो यह अपने लाइफ में आज बहुत बड़ी सफलता हासिल कर लेते मैं यहां पर आपको यह नहीं कह रहा हूं कि आप डॉक्टर इंजीनियर चार्टर्ड अकाउंटेंट या बिजनेसमैन ना बने मेरे कहने का अर्थ है कि जब आपके अंदर से आवाज आए कि मैं यह कर सकता हूं मुझे यह करना चाहिए और आप उसे फील्ड को पैसे के लिए नहीं चुने हैं कि मुझे बहुत सारा पैसा मिलेगा उस काम को करने में आपको मजा आता है आनंद आता है तो आप उस काम को अवश्य कीजिए क्योंकि उसे काम में आपको सफल होने से कोई रोक नहीं सकता है आप उसे कम से कभी निराश नहीं हो गया चाहे आप सफल हो या असफल क्योंकि आप उस कार्य को पसंद करते हैं देखिए हर एक फील्ड में पैसा है चाहे वह कोई सा भी फील्ड हो बस आपको पैसा बनाने आना चाहिए और आज के समय में तो पैसा कमाने के इतने रास्ते हैं जितनी यहां पर कल्पना भी नहीं की जा सकती है

(जो आवाज आपके दिल से निकलती है आप वही करें ऐसा कोई भी फील्ड नहीं है जिसमें पैसा नहीं है बस आपको बनाने आना चाहिए इसलिए पैसा के पीछे कभी ना भागे आप अपना फील्ड चुने अपने आप को देखें अपने आप को समझे अपने आप से

सवाल पूछे और अपना फील्ड चुने उसके बाद उसे पर दौड़ना शुरू कर दें सफलता आपकी कदम चूमेगी आप अंदर से जो हैं आप वही रहे आप किसी की कॉपी ना करें किसी के जैसा बनने की कोशिश ना करें क्योंकि आप सबसे अलग हैं आपने जो है वह किसी के अंदर नहीं है बस आपको उसी को पहचानना है अगर आप घोड़े हैं तो अपने आप को घोड़े ही रहने दे अगर आप ऊंट हैं तो अपने आप को ऊंट ही रहने दे दोनों अपने-अपने जगह पर सही है दोनों की कोई आपस में तुलना नहीं है दोनों में कोई किसी से भी कम नहीं है दोनों की फील्ड अलग-अलग है अगर आप मछली हैं तो अपने आप को मछली ही रहने दे बंदर बनने की कोशिश ना करें और अगर आप बंदर है तो अपने आप को बंदर ही रहने दे मछली मारने के कोशिश ना करें दोनों अपने-अपने फील्ड में सही है कोई किसी से कम नहीं है दोनों का कोई भी तुलना नहीं है मछली पानी के लिए सही है और बंदर स्थल के लिए और पेड़ पर चढ़ने के लिए सही है इसी तरह हर इंसान में कुछ अलग खूबियां होती है हर इंसान की अलग एक पहचान होती है हर इंसान की पसंद अलग होती है उसी को पहचानना है हम सभी को परमात्मा ने किसी खास कार्य के लिए बनाया है हम सबसे अलग हैं हमारी किसी से भी तुलना नहीं है इसलिए अपना तुलना किसी से भी करना बंद कीजिए किसी को भी कॉपी करना बंद कीजिए आपकी जो दिल की आवाज है बस उसे सुने आराम से बैठ जाएं और अपने आप से सवाल करें कभी अपने आप से बातें करें अपने आप से लगातार पूछे मैं क्या कर सकता हूं परमात्मा ने मुझे किस लिए बनाया है अगर आप मछली हैं तो आप अपने क्षेत्र में बहुत अच्छे हैं और आपका क्षेत्र है पानी इसलिए आप अलग बनने की कोशिश ना करें और अपने ही फील्ड में नंबर वन बने अपनी फील्ड के ही लोगों को देखें उनकी आदतों को देखें जिस से वह सफल बने है और अपने फील्ड के सफल लोगों को आदतों की कॉपी करें यहां पर ध्यान देना

है करियर विकल्प चुनने में किसी को भी कॉपी नहीं करना है लेकिन जब अपने करियर विकल्प चुन लिया है और जिस भी फील्ड में आगे बढ़ना चाहते हैं उसे फील्ड के सफल लोगों कि अब कॉपी करना है उनकी आदतों को कॉपी करना है और जैसे वह करते हैं वैसे ही आपको भी करना है)

अपने फील्ड में श्रेष्ठ कैसे बने:-

सबसे पहले अपने फील्ड में श्रेष्ठ बनने के लिए आपको यह समझना होगा कि आप जिस फील्ड में अभी कार्य कर रहे हैं क्या वह फिल्म आपका है क्या आप उसके लिए बने हैं क्या आप उसे कार्य को दिल से कर रहे हैं या पैसे के लिए कर रहे हैं अगर आप पैसे के लिए कर रहे हैं तो वह फील्ड आपका नहीं है आप उसमें महान कभी नहीं बन पाएंगे पैसे कमा लेंगे पैसा कमाना और महान बना दोनों अलग-अलग बातें होती हैं महान व्यक्ति के पास पैसा भी रहेगा और वह महान भी रहेगा लेकिन वह व्यक्ति जो केवल पैसा कमा रहा है उसके पास केवल पैसा रहेगा महानता नहीं श्रेष्ठता नहीं इसलिए सबसे पहले काम वह फील्ड आपका होना चाहिए इस धरती पर कोई भी व्यक्ति व्यर्थ नहीं है हम सभी में एक खास बात है उसी को हमें पहचाना है आपको बस अपनी फील्ड की इंतजार है परमात्मा ने आपको चैंपियंस पहले ही बना दिया है आप उसे फील्ड के खिलाड़ी पहले से ही हैं (अगर आप ऊंट तो आप अपने फील्ड के खिलाड़ी हैं, अगर आप मछली है तो आप अपनी फील्ड के खिलाड़ी पहले से ही हैं, अगर आप बंदर है तो आप अपने फील्ड के खिलाड़ी पहले से हैं अगर आप एक घोड़े हैं तो पहले से ही आप अपने फील्ड के खिलाड़ी हैं आपको कुछ अलग बनने की कोशिश ही नहीं करनी है आपको बस अपना फील्ड चुनना है)

अपना करियर विकल्प चुनने का थ्री स्टेप फार्मूला

1. वह कौन सा काम है जो आपको करने आता है और जिस काम के लिए आपको कोई अगर पैसा ना दे तो भी आप खुशी-खुशी करेंगे

2. वह कौन सा काम है जिसे करने में आपको मजा आता है आनंद आता है, और आप उस कार्य से बहुत ज्यादा प्यार करते हैं और उस कार्य को करते-करते आप कुछ नया सीख भी रहे हैं आपका विकास भी हो रहा है

3. क्या आप जो कार्य कर रहे हैं क्या उस कार्य से किसी व्यक्ति की समस्या का समाधान किया जा सकता है क्या आप उस कार्य से बहुत सारे लोगों को मदद कर सकते हैं उनकी समस्याओं का समाधान कर सकते हैं आप जितने ज्यादा लोगों के समस्याओं का समाधान करेंगे उतने ज्यादा लोग आपको पैसे देने के लिए तैयार हो जाएंगे बात बिल्कुल साधारण है अगर आप 100 लोगों की समस्याओं का समाधान करेंगे तो आप 100 लोगों से पैसा कमाएंगे और अगर आप लाखों करोड़ों लोगों के समस्याओं का समाधान करेंगे तो लाखों करोड़ों लोगों से पैसा कमाएंगे

अंतिम परिणाम:-

जब आप अपना थ्री स्टेप कंप्लीट कर लेते हैं और लोगों की समस्याओं का समाधान करने लगते हैं आप लोगों की मदद करने लगते हैं तो लोग भी आपकी मदद करने लगते हैं और इस प्रकार से आप पैसा बनाने लगते हैं उसके बाद आपको पैसे के लिए काम करने की जरूरत पड़ेगी ही आप अपना मौज मस्ती के साथ काम करेंगे आप लोगों का समस्याओं का समाधान करेंगे और लोग लाकर आपको पैसा देंगे

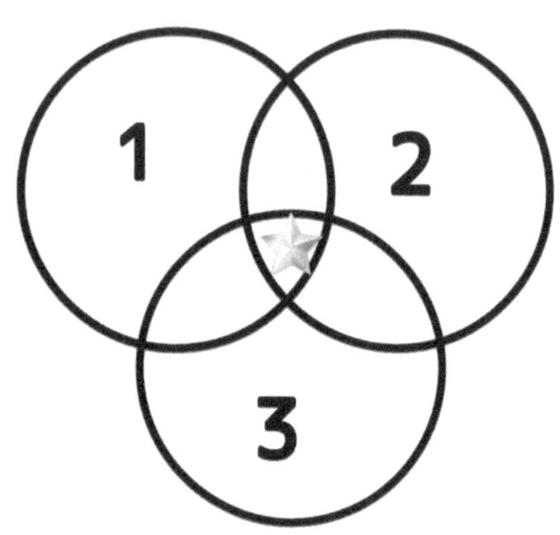

1.मैं जानता हूं इसे कैसे करना है

2.मैं इस कार्य को बहुत ज्यादा पसंद करता हूं मुझे यह करने में बहुत मजा आता है

3. लोगों को इस कार्य की जरूरत है यहां से लोगों की समस्याओं का समाधान हो रहा है उनकी मदद हो पा रही है

 :- यही मेरा करियर विकल्प है

आपके 18 वें दिन के सिख (डे 18 लर्निंग)

1. आप किसी और को देखकर अपना करियर विकल्प न चुने क्योंकि हर एक फील्ड में पैसा है

2. इस धरती पर प्रत्येक व्यक्ति के अंदर अनलिमिटेड शक्ति है बस हमें अपनी शक्तियों के बारे में पता नहीं है इसी शक्ति का उपयोग करके कोई अपना घर चला रहा है और कोई अपना बिजनेस चल रहा है कोई पूरी दुनिया चला रहा है कोई अपना देश चला रहा है इसी शक्ति का उपयोग करके कोई महीने की ₹100000 कम रहा है कोई महीने की एक करोड रुपए कमा रहा है कोई महीने की 10 करोड रुपए कमा रहा है कोई बिलियन डॉलर स्टार्टअप खड़ा कर दिया इस शक्ति का आप जितना ज्यादा उपयोग करेंगे यह इतना ज्यादा ही बढ़ेगा आप जितना बड़ा सोच सकते हैं उतना ही बड़ा कर सकते हैं

कार्य योजना (एक्शन प्लान)

1. आप सभी लोगों से अलग है इसलिए किसी को भी कॉपी करने की कोशिश ना करें आप लोगों को ध्यान से सुने आप लोगों से सीखे लेकिन उनके जैसा बनने की कोशिश ना करें आप अपना खुद का पहचान बनाइये आप अपनी खुद के नाम को ब्रांड बनाइये

2. अपने आप से सवाल कीजिए आपको क्या करने आता है आपको क्या पसंद है वह कौन सा काम है जिसे आप दिन रात करने के लिए तैयार हो जाएंगे कोई पैसा दे या ना दे वह कौन सा काम है जिससे लोगों की समस्याओं का समाधान हो सकता है

3. आप पैसे के लिए कभी भी काम ना करें पैसे के लिए काम करने पर आपकी आंतरिक विकास नहीं होगी

4. पैसा आपके पास बाय प्रोडक्ट की तरह आएगा पहले आप लोगों को वैल्यू देना शुरू करें लोगों के जीवन में कुछ सकारात्मक परिवर्तन लाना शुरू कीजिए लोगों को लाभ पहुंचाना शुरू कीजिए लोगों की मदद करना शुरू कीजिए लोगों के समस्याओं का समाधान करना शुरू कीजिए

5. आप मार्केट में लोगों की समस्याओं को ध्यान से समझे और देखें उनकी समस्याओं को समाधान करें उसके बदले लोग आपको जो चाहिए वह देंगे इसलिए आप लोगों का समस्याओं को समाधान करने पर अपना ध्यान लगाए

6. अपने आप से दो सवाल करें और इसे लिख ले पहला अगर मुझे पैसे की आवश्यकता नहीं है मुझे पैसे के लिए कार्य नहीं करना है मेरे पास बहुत सारा पैसा है तो भी मैं कौन सा कार्य खुशी-खुशी करूंगा और दूसरा सवाल खुद से पूछिए अगर भगवान ने मुझे ऐसी शक्ति दे दिया जिससे मैं कभी भी असफल नहीं हो सकता तो मैं कौन सा कार्य करना चुगा और वही कार्य करें

7. आप अपनी फील्ड के सफल लोगों के सफल आदतों का लिस्ट बनाएं और उन्हें अपने अंदर विकसित करें..........

8. अगर आपको कुछ समझ में अभी नहीं आ रहा है तो आप जहां भी हो वहां से कुछ भी करना शुरू कर दें आप चलना शुरू कर दे रास्ते अपने आप दिखने लगेंगे अगर आप चलना शुरू नहीं करेंगे तो रास्ते भी नहीं दीखेंगे इसलिए बैठे रहने से अच्छा है आप चलना शुरू करें आप कहीं भी पहुंच ही जाएंगे लेकिन आप चलेंगे ही नहीं तो आप कहीं नहीं पहुंचेंगे (नो एक्शन नो रिजल्ट, अगर आप कुछ भी कार्य नहीं करेंगे तो आपको परिणाम भी कुछ नहीं मिलेगा...... बिलियन डॉलर पॉइंट)

अगर आप भी वही कर रहे हैं जो आपके फील्ड के सफल लोग कर रहे हैं तो आप भी सफल बन जाएंगे......शौर्य

"आपको बस अपना फील्ड खोजना है परमात्मा ने आपको खिलाड़ी पहले से ही बनकर इस धरती बना क़र भेजा है......शौर्य"

खंड 4

डायरेक्ट सेलिंग बिजनेस

डायरेक्ट सेलिंग बहुत ही प्रभावशाली एक बिजनेस मॉडल है जिस मॉडल पर आज के समय में बहुत सारी बड़ी-बड़ी कंपनियां काम कर रही है इस मॉडल में कंपनियां अपना प्रोडक्ट और सर्विस डायरेक्ट कस्टमर तक पहुंचाने का काम करती है (d2c बिजनेस) डायरेक्ट सेलिंग बिजनेस का कोई भी प्रोडक्ट इसके कस्टमर तक कस्टमर के रिश्तेदार, दोस्त, पड़ोसी, के द्वाराही पहुंचने का काम किया जाता है इस मॉडल की खास बात यह है कि इसमें खर्च बहुत ही कम लगता है क्योंकि बीच में लगने वाले खर्च, जैसे प्रचार के लिए(मार्केटिंग), डिस्ट्रीब्यूटर, रिटेलर, और भी बहुत सारे खर्च बच जाते हैं (बहुत बड़ी-बड़ी कंपनियां अपने प्रोडक्ट की मार्केटिंग में करोड़ रुपए लगा देती है लेकिन वही डायरेक्ट सेलिंग कंपनी अपने प्रचार पर एक रुपए भी खर्च

नहीं करती है इसके प्रोडक्ट की मार्केटिंग इसके कस्टमर ही करते हैं और इस प्रोडक्ट के बारे में अपने दोस्त रिश्तेदार पड़ोसी को जानकारी देते हैं इस प्रकार इस प्रोडक्ट को खरीदने वाला कस्टमर है इसका प्रचारकर्ता बन जाता है और वह प्रचार करने लगता है जब वह प्रचार करता है और उसके माध्यम से कोई भी व्यक्ति उसका प्रोडक्ट खरीद लेता है तो इसमें दोनों को फायदा हो जाता है कंपनी का प्रोडक्ट बिक जाता है तो उसको फायदा हो गया और जिसने प्रचार किया था उसको भी कुछ कमीशन मिल जाता है इसलिए इसके कस्टमर है इसके प्रोडक्ट का प्रचार करते हैं)

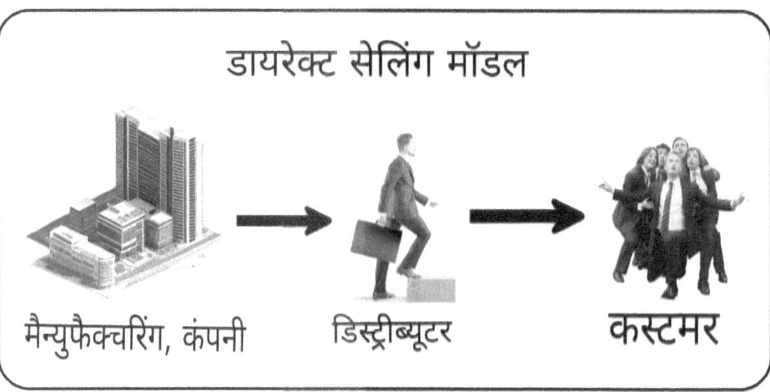

जब आप कभी भी डायरेक्ट सेलिंग कंपनी से कुछ भी प्रोडक्ट खरीद लेते हैं तो आप उस कंपनी के कस्टमर के साथ-साथ डिस्ट्रीब्यूटर भी बन जाते हैं और जब आप उस प्रोडक्ट के बारे में किसी से बातें करते हैं किसी को बताते हैं और कोई भी व्यक्ति आपके माध्यम से प्रोडक्ट खरीद लेता है तो यहां से आप पैसे कमाते हैं और वह व्यक्ति भी आगे किसी और को भी वह प्रोडक्ट रिकमेंड करें और कोई उसके माध्यम से भी प्रोडक्ट खरीदे तो भी आपको कुछ कमीशन मिलता है क्योंकि वह डिस्ट्रीब्यूटर आपकी टीम में है इसी तरह आप पैसिव इनकम भी

यहां से कमा सकते हैं आप काम कर या ना करें अगर आपकी टीम काम कर रहे है तो आप यहां से पैसे कमा सकते हैं और आर्थिक रूप से स्वतंत्र हो सकते हैं

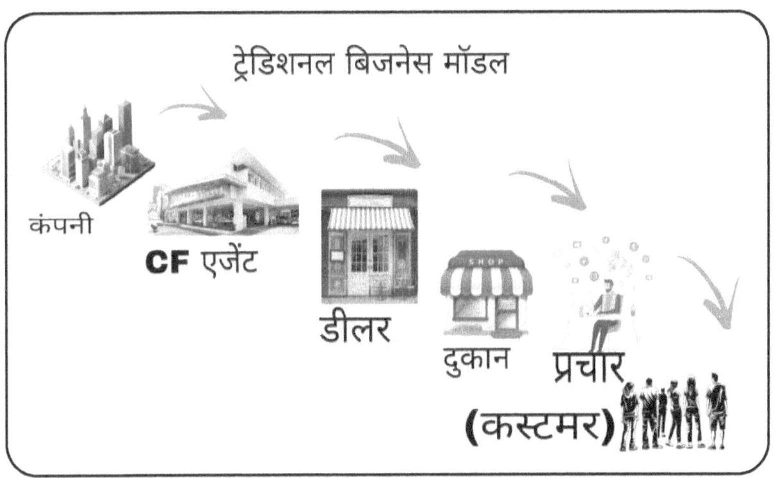

ट्रेडिशनल बिजनेस मॉडल में किसी भी प्रोडक्ट को कस्टमर के पास पहुंचने में बहुत ज्यादा खर्चा लग जाता है मार्केटिंग का खर्च यात्रा का खर्च बिचौलिए द्वारा किया गया मुनाफा कर्मचारी का खर्च और भी बहुत तरह के खर्च जुड़ जाते हैं जिस कारण प्रोडक्ट कस्टमर तक पहुंचने से पहले ही बहुत ज्यादा महंगा हो जाता है जबकि डायरेक्ट सेलिंग बिजनेस में ऐसा कुछ भी नहीं होता है इसलिए इसका प्रोडक्ट उचित मूल्य पर कस्टमर तक पहुंचाया जा सकता है

डायरेक्ट सेलिंग पीने से आप अपना कौशल को कैसे विकसित कर सकते हैं:-

1. मार्केटिंग स्किल:- जब आप किसी डायरेक्ट सेलिंग बिजनेस के सिस्टम से जुड़ जाते हैं तो कस्टमर के पास प्रोडक्ट को पहुंचाना कस्टमर को प्रोडक्ट से संतुष्ट करना कस्टमर को प्रोडक्ट के फायदे बताना कस्टमर के समस्या और जरूरत

को पूरा करना आपका ही काम रह जाता है डायरेक्ट सेलिंग कंपनियां सिर्फ अपना प्रोडक्ट तैयार करती है और मार्केटिंग का काम आप करते हैं आप लोगों से मिलते हैं लोगों से बातें करते हैं और अपने प्रोडक्ट का मार्केटिंग करते हैं प्रचार करते हैं इस प्रकार से आप अपना मार्केटिंग स्किल को विकसित कर सकते हैं और इसमें आपको डायरेक्ट सेलिंग बिजनेस बहुत मदद कर सकती है

2. सेल्लिंग स्किल:- जब आप डायरेक्ट सेलिंग बिजनेस करते हैं तो बिजनेस बढ़ने के साथ-साथ आपका सेलिंग स्किल भी विकसित होने लगता है क्योंकि आप अच्छी तरह से यह जानते हैं कि डायरेक्ट सेलिंग कंपनियां केवल अपना प्रोडक्ट तैयार करती है और बाकी का सारा काम आप और आपकी टीम संभालती हैं इसलिए यहां पर आप लोगों अपना प्रोडक्ट बेचते है और प्रोडक्ट को बेचते बेचते आपका सेल्लिंग स्किल भी विकाशित होने लगता है

3. लीडरशिप स्किल:- आप कोई भी बिजनेस बिना टीम के नहीं चला पाएंगे अगर आप कोई बिजनेस कर रहे हैं और आपके साथ कोई टीम नहीं है तो आप बिजनेस नहीं कर रहे हैं यहां पर डायरेक्ट सेलिंग बिजनेस में भी आपको आर्थिक स्वतंत्रता समय से आजादी और पैसिव इनकम तभी प्राप्त होती है जब आपकी टीम में बहुत सारे लोग हो जाते हैं और वह अपना बिजनेस चलाने लगते हैं तो यहां पर डायरेक्ट सेलिंग बिजनेस में टीम बनाना बहुत ज्यादा जरूरी है और यहां पर आप धीरे-धीरे टीम बनाते हैं उनको सिखाते हैं गाइड करते हैं बिजनेस कैसे करना है सीखाते हैं लोगों से बातें कैसी करनी है उसके बारे में ट्रेनिंग देते हैं बिजनेस को कैसे बढ़ता है इसके बारे में सीखाते हैं उनको संभाल कर रखते हैं इस तरह से आप डायरेक्ट सेलिंग बिजनेस से अपना लीडरशिप स्किल को डेवलप कर सकते हैं

4. टीमवर्क स्किल:- आप डायरेक्ट सेलिंग बिजनेस में सफलता तभी प्राप्त कर पाएंगे जब आप बहुत सारे लोगों के साथ मिलकर काम करेंगे और यहां पर आप टीमवर्क ही करते हैं आप बहुत सारे लोगों को अपने साथ लेकर आगे बढ़ते हैं इस प्रकार से आप यहां पर टीमवर्क स्किल अपने अंदर डेवलप कर लेते हैं

5. कम्युनिकेशन स्किल:- हम सभी लोग यह जरुर सोचते हैं कि जब भी हम बातें करें हमारी बात बहुत सारे लोग सुने, हमारी बात सभी लोग माने हम किसी भी व्यक्ति से अच्छी तरह से बातें कर पाए लेकिन इस स्किल को आप किताबें पढ़कर विकसित नहीं कर सकते इसे आप तभी विकसित कर पाएंगे जब आप लोगों के बीच बोलेंगे और यहां पर आपको भरपूर वह मौका मिलता है आप लोगों से बातें करें लोगों से मिले लोगों से अपना बिजनेस प्लान शेयर करें आप डायरेक्ट सेलिंग बिजनेस में हर रोज लगभग नए व्यक्ति से मिलते हैं और उनसे बातें करते हैं इस प्रकार से आप अपना कम्युनिकेशन स्किल भी यहां से डेवलप कर पाएंगे

6. पब्लिक स्पीकिंग स्किल:- बहुत सारे लोगों की यह इच्छा होती है कि वे लोग भी पब्लिक स्पीकिंग सीख सकें वे लोग जब स्टेज के ऊपर भाषण दे तो बहुत सारे लोग उनके बातों को ध्यान से सुने वह स्टेज पर अच्छी तरह से बातें कर पाए लेकिन उचित समय और स्थान न मिल पाने के कारण बहुत सारे लोग अपने इस सपने को सपने ही रहने देते हैं लेकिन डायरेक्ट सेलिंग बिजनेस आपको यह मौका देता है क्योंकि इस बिजनेस में आप अपने टीम को संभालते हैं और उनको कुछ सीखाते हैं ट्रेनिंग देते हैं बिजनेस कैसे डेवलप करना है, लोगों से कैसी बातें करना है, लोगों को अपना बिजनेस प्लान कैसे शेयर करना है, अपने लक्ष्य को

कैसे प्राप्त करें डायरेक्ट सेलिंग बिज़नेस से और भी बहुत सारे टॉपिक के ऊपर आप अपने टीम के सामने भाषण, ट्रेनिंग देते हैं इस प्रकार से आपके अंदर धीरे-धीरे पब्लिक स्पीकिंग स्किल डेवलप होने लगती है और अब आप स्टेज पर जाने से नहीं डरते हैं अब आप लोगों के बीच अच्छी तरह से बोल पाते हैं

7. पर्सनैलिटी डेवलपमेंट:- यहां से आपका पर्सनैलिटी डेवलप होता है क्योंकि यहां पर सिखाया जाता है ड्रेस कैसे पहनना है कपड़े कैसी होनी चाहिए कैसे रहना है कैसे व्यवहार करना है लोगों के साथ, लोगों से कैसे रिश्ते बनाना है तो यहां से आपका पर्सनालिटी भी डेवलप होता है

8. नेटवर्किंग और रिलेशनशिप स्किल:- इस बिजनेस के माध्यम से आपके अंदर नेटवर्किंग और रिलेशनशिप स्किल भी डेवलप होती है आप बहुत सारे लोगों से मिलते हैं उनसे दोस्ती करते हैं बहुत सारे लोग ऐसे होते हैं जो नए लोगों से मिलने मे नए लोगों से बातें करने में डरते हैं लेकिन आप इस बिजनेस में अच्छे-अच्छे लोगों के साथ अपना रिश्ता बनाते हैं अच्छे-अच्छे लोगों के साथ बातें करते हैं इस प्रकार से आप अपना नेटवर्किंग और रिलेशनशिप स्किल भी डेवलप कर सकते हैं और अपना परिवार जितना चाहे उतना बढ़ा सकते हैं

9. असफलता से लड़ने की हिम्मत (करेज टू फेस फैलियर):- बहुत सारे लोगों के अंदर असफलता से लड़ने की हिम्मत नहीं होती है वह अपनी असफलता को संभाल नहीं पाते हैं और एक बार असफल होने के बाद दोबारा कोशिश करना ही बंद कर देते हैं लेकिन डायरेक्ट सेलिंग बिजनेस में जो व्यक्ति सफल होता है उसकी सफलता के पीछे हजारों असफल कहानी होती है क्योंकि डायरेक्ट सेलिंग बिजनेस सेल्स का बिजनेस है और इसमें ज्यादातर लोगों

को रिजेक्शन मिलता है लेकिन आप ज्यादातर लोगों से मिलते हैं और लोग आगे आपके साथ बिजनेस शुरू करने से मना कर देते हैं फिर भी आप लगे रहते हैं तो आप अंदर से मजबूत होते जाते हैं

10. ....और भी बहुत सारे स्किल डेवलप होते हैं डायरेक्ट सेलिंग बिजनेस से जो आपके आंतरिक रूप से होते हैं आप व्यक्तित्व वही रहेंगे लेकिन आपका आपकी सोचने का तरीका, आपके रहने का तरीका, आपके कपड़े पहनने के तरीके, आपके लोगों के साथ बात करने के तरीके, यह सारी चीज अपने आप बदलने लगेंगे डायरेक्ट सेलिंग बिजनेस से बदल जाएगा और आप बिल्कुल ही अलग व्यक्ति बन जाएंगे अपने आज से

और क्या प्राप्त कर सकते हैं आप डायरेक्ट सेलिंग बिजनेस से:-

1. अतिरिक्त आय
2. आर्थिक स्वतंत्रता वित्तीय आजादी
3. अपना बॉस खुद होना, बॉस से आजादी
4. परिवार की सुरक्षा
5. देश विदेश घूमना
6. अपने सपनों का जिंदगी जीना, अपने सारे सपने पूरे करन
7. अपना नाम और पहचान बनाना
8. बहुत सारे लोगों से दोस्ती करना
9. समय की आजादी
10. जल्दी रिटायर होना
11. अपने साथ-साथ बहुत सारे लोगों को लेकर आगे बढ़ना
12. आप जहां रहते हैं वहां पर बिजनेस करना कोई बंधन नहीं
13. अपने बिजनेस को कभी भी करना आपको जब समय मिले
14. मान सम्मान प्राप्त करना
15. 4 से 5 साल के अंदर आर्थिक स्वतंत्रता

16. कर्मचारी रखने की आवश्यकता नहीं है आपकी टीम के लोग आपके लिए फ्री में काम करते हैं

17. बिल्कुल फ्री में बिजनेस सीखने का मौका और ट्रेनिंग लेने का मौका

18. कोई इंवेस्टमेंट नहीं बिना कुछ लगाए बिजनेस की शुरुआत हो सकता है

19. आपका प्रोडक्ट को स्टोर करके रखने की आवश्यकता नहीं है

20. आपके प्रोडक्ट लेकर घूमने की आवश्यकता नहीं है

21. आपके प्रोडक्ट पहुंचना की आवश्यकता नहीं है

22. आपको केवल अपने प्रोडक्ट के बारे में लोगों को बताना है

23. बिना इन्वेस्टमेंट के पैसिव इनकम प्राप्त करने का एकमात्र रास्ता, यहां से आप पैसिव इनकम प्राप्त कर सकते हैं

24. कोई रिस्क नहीं रिस्क फ्री बिजनेस

25. टैक्स फ्री बिजनेस

26. आपको अपने स्टॉक में प्रोडक्ट रखने की आवश्यकता नहीं है

27. आपको प्रचार करवाने की आवश्यकता नहीं है

28. आपका प्रोडक्ट की यात्रा खर्च देने की आवश्यकता नहीं है

29. सभी के लिए एक समान अवसर इसे कोई भी कर सकता है कहीं भी कर सकता है(बच्चे बूढ़े स्त्री पुरुष)

30. इसे करने के लिए पढ़े लिखे होने की आवश्यकता नहीं है कोई डिग्री की आवश्यकता नहीं है आप पढ़े लिखे हैं तो भी कर सकते हैं आप पढ़े-लिखे नहीं है तो भी कर सकते हैं

31. इसमें आपको एक बना बनाया सरल सिस्टम मिलता है जिस सिस्टम का उपयोग करके बहुत सारे लोग आपके जैसे ही सफल हुए आपको भी इस सिस्टम को फॉलो करना है और सिस्टम के अनुसार आगे बढ़ना है

32. आपको मशीन लगाने की आवश्यकता नहीं है

33. आपके प्रोडक्ट बनाने की आवश्यकता नहीं है यह सब पहले से ही तैयार है

तो आपको डायरेक्ट सेलिंग बिजनेस से इतने सारे फायदे मिलते हैं बिल्कुल फ्री में बिना कुछ किए हुए

डायरेक्ट सेलिंग बिजनेस के बारे में इस दुनिया के सबसे महान और सफल लीडरों का क्या विचार है:-

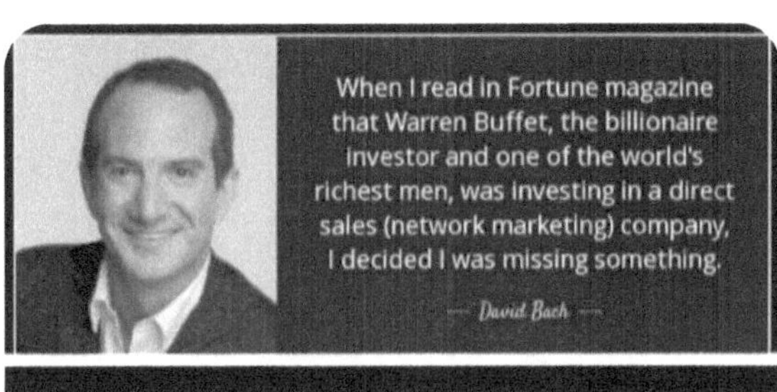

A billionaire, one of the world's biggest investors,

He now invests in Network Marketing (MLM) Companies...

He has invested in three Network Marketing companies already

He believes in the System

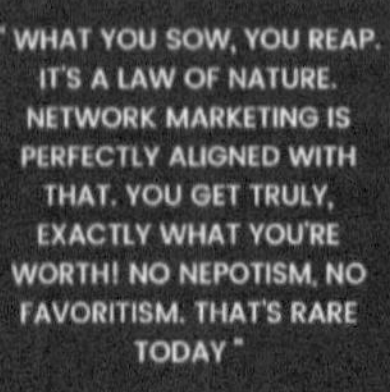
" WHAT YOU SOW, YOU REAP.
IT'S A LAW OF NATURE.
NETWORK MARKETING IS
PERFECTLY ALIGNED WITH
THAT. YOU GET TRULY,
EXACTLY WHAT YOU'RE
WORTH! NO NEPOTISM, NO
FAVORITISM. THAT'S RARE
TODAY "
- Bob Proctor

Eric Worre
@EricWorre
It's all about relationships. The
greatest Network Marketers
on earth collect friends more
than they collect money.

" NETWORK MARKETING
HAS COME OF AGE. IT IS
UNDENIABLE THAT IT HAS
BECOME A WAY TO
ENTREPRENEURSHIP &
INDEPENDENCE FOR
MILLIONS OF PEOPLE "
- Stephen Covey

Eric Worre
@EricWorre
The future of network
marketing is unlimited.
There's no end in sight.
It will continue to grow
because better people
are getting into it.

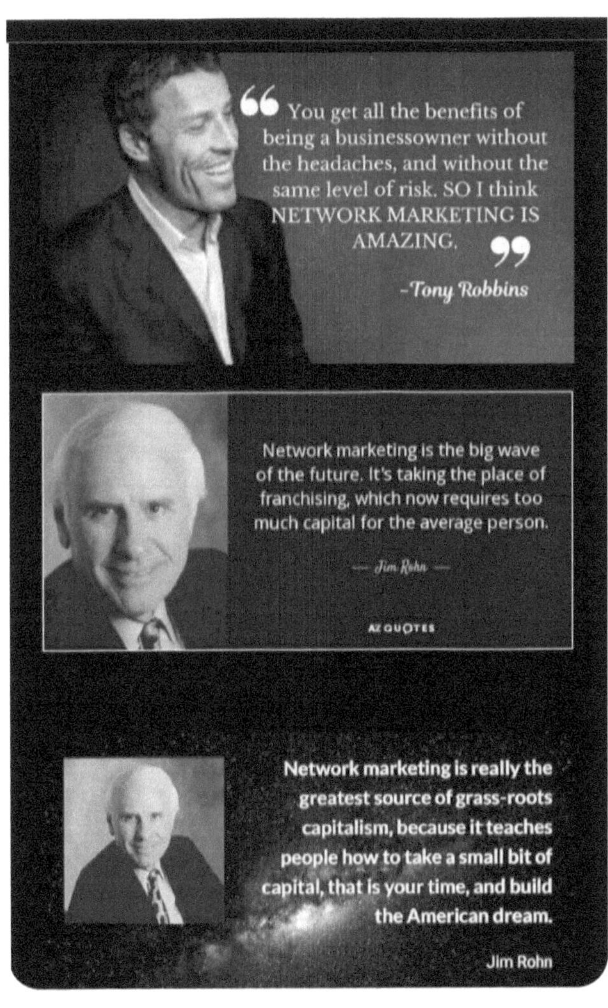

"There's nothing wrong with selling. The sales people of the world drive the economy. People in Network Marketing are 'Super Salespeople'. We educate the world." – Eric Worre

You get all the benefits of being a businessowner without the headaches, and without the same level of risk. SO I think NETWORK MARKETING IS AMAZING.
-Tony Robbins

Network marketing is the big wave of the future. It's taking the place of franchising, which now requires too much capital for the average person.
— Jim Rohn —
AZ QUOTES

Network marketing is really the greatest source of grass-roots capitalism, because it teaches people how to take a small bit of capital, that is your time, and build the American dream.
Jim Rohn

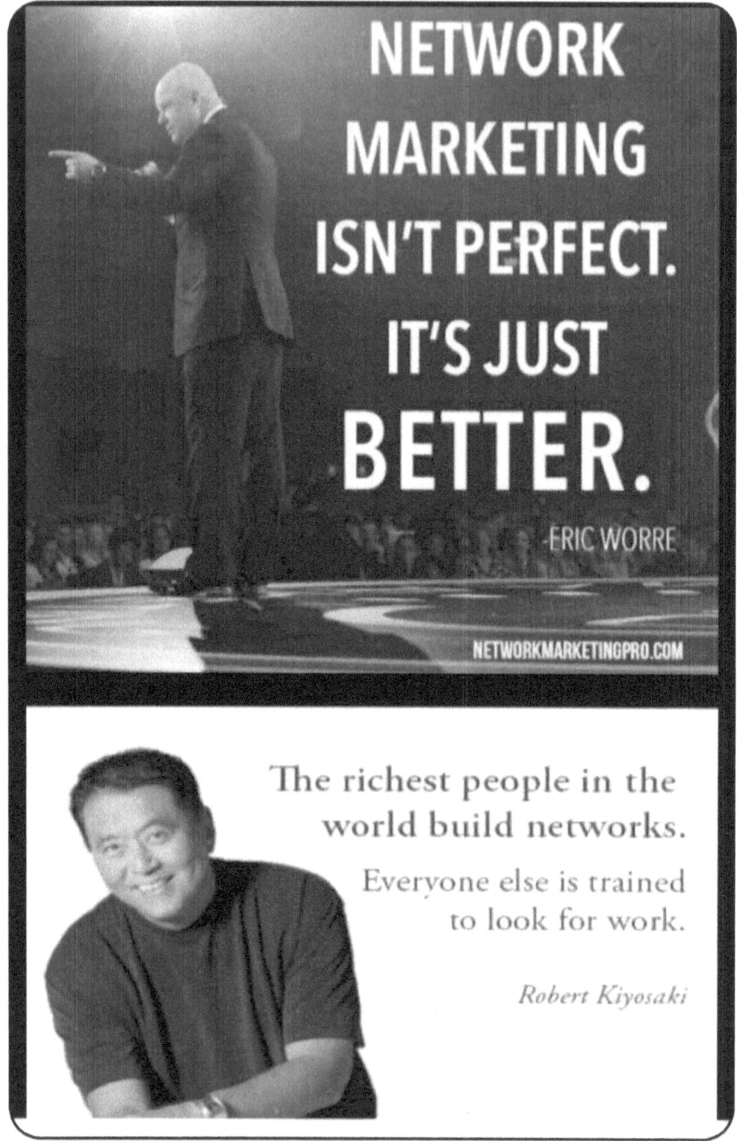
NETWORK
MARKETING
ISN'T PERFECT.
IT'S JUST
BETTER.
-ERIC WORRE
NETWORKMARKETINGPRO.COM
The richest people in the
world build networks.
Everyone else is trained
to look for work.
Robert Kiyosaki

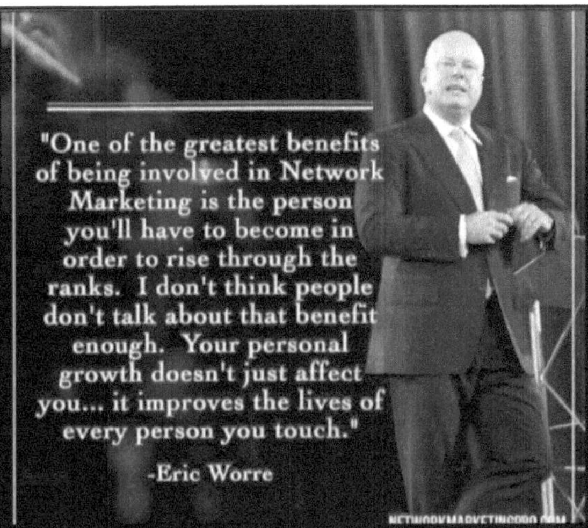

"One of the greatest benefits of being involved in Network Marketing is the person you'll have to become in order to rise through the ranks. I don't think people don't talk about that benefit enough. Your personal growth doesn't just affect you... it improves the lives of every person you touch."
-Eric Worre
NETWORKMARKETINGPRO.COM

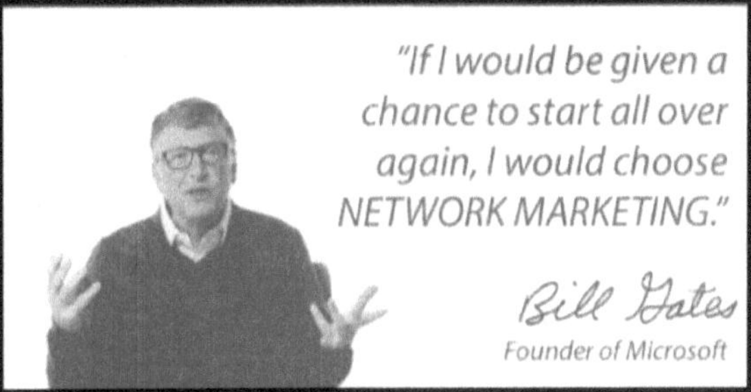

"If I would be given a chance to start all over again, I would choose NETWORK MARKETING."
Bill Gates
Founder of Microsoft

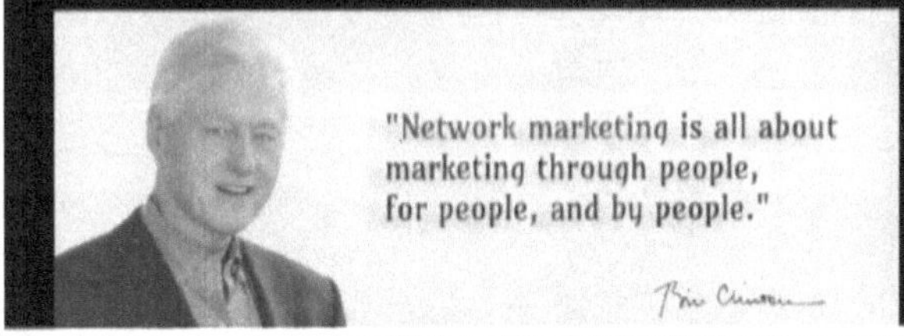

"Network marketing is all about marketing through people, for people, and by people."
Bill Clinton

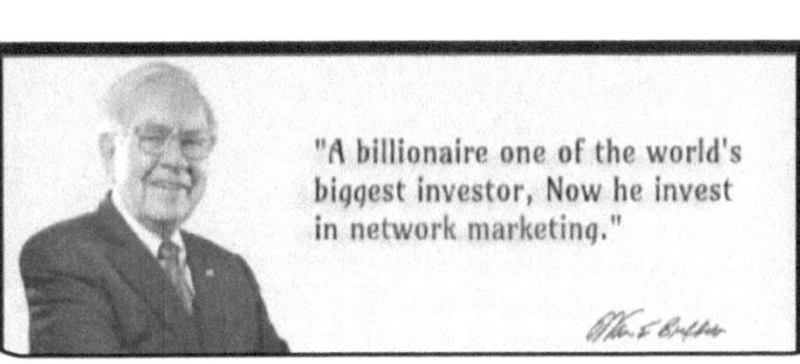

"A billionaire one of the world's biggest investor, Now he invest in network marketing."

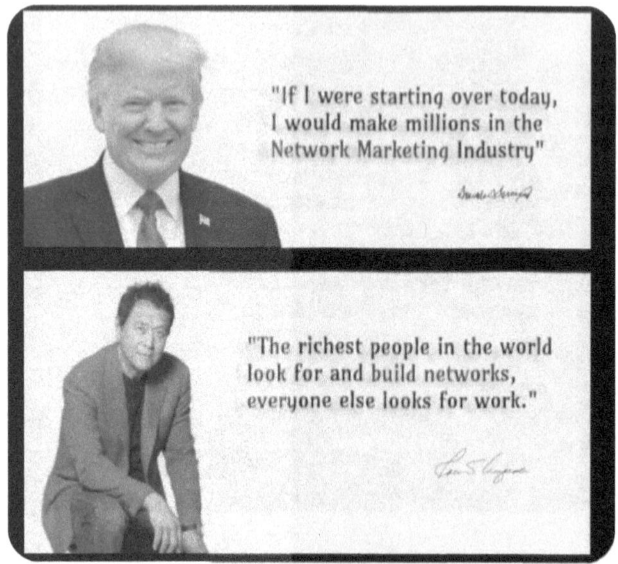
"If I were starting over today, I would make millions in the Network Marketing Industry"

"The richest people in the world look for and build networks, everyone else looks for work."

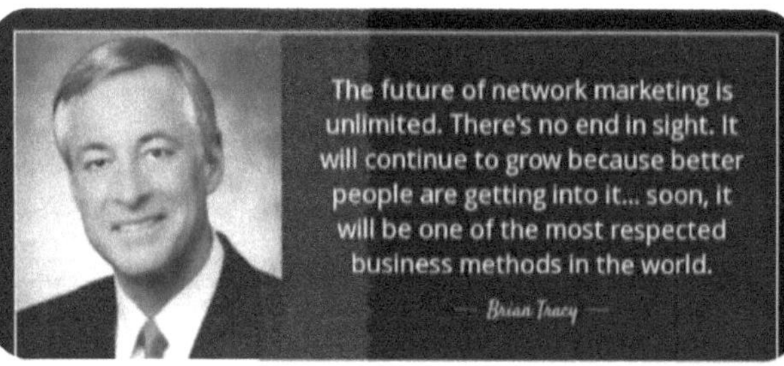
The future of network marketing is unlimited. There's no end in sight. It will continue to grow because better people are getting into it... soon, it will be one of the most respected business methods in the world.
— Brian Tracy —

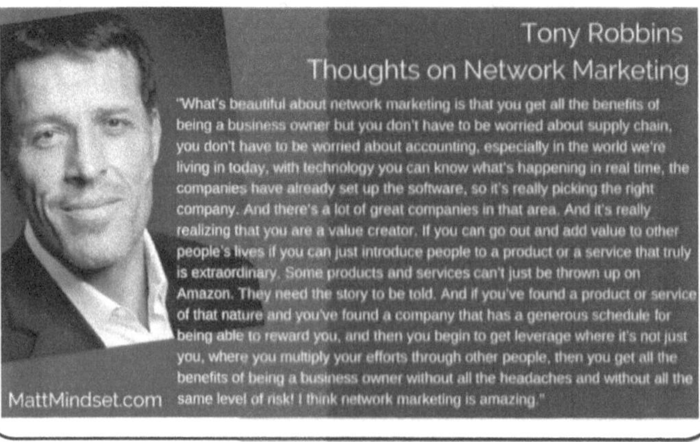
Tony Robbins
Thoughts on Network Marketing
"What's beautiful about network marketing is that you get all the benefits of being a business owner but you don't have to be worried about supply chain, you don't have to be worried about accounting, especially in the world we're living in today, with technology you can know what's happening in real time, the companies have already set up the software, so it's really picking the right company. And there's a lot of great companies in that area. And it's really realizing that you are a value creator. If you can go out and add value to other people's lives if you can just introduce people to a product or a service that truly is extraordinary. Some products and services can't just be thrown up on Amazon. They need the story to be told. And if you've found a product or service of that nature and you've found a company that has a generous schedule for being able to reward you, and then you begin to get leverage where it's not just you, where you multiply your efforts through other people, then you get all the benefits of being a business owner without all the headaches and without all the same level of risk! I think network marketing is amazing."
MattMindset.com

सावधान रहे:-

जब डायरेक्ट सेलिंग बिजनेस करने की इतनी ज्यादा फायदे हैं तो इसी फायदे को देख कर बहुत सारी ऐसी कंपनियां मार्केट में कार्य कर रही है जो गलत तरीके से बिजनेस कर रही है जैसे लोगों को जोड़ने वाला काम, पिरामिड स्कीम, मनी सर्कुलेशन प्लान, पोंजी स्कीम, इन्वेस्टमेंट प्लान और स्कीम, और भी कई तरह से मार्केट में इलीगल काम हो रहे हैं जिसमें बहुत सारे लोग फंस जाते हैं बहुत सारे लोगों की पैसा बर्बाद हो जाती है इस प्रकार की कंपनियां आपको ज्यादा लोभ देती है और लोग इसके झांसे में फंस जाते हैं

पर इसमें घबराने की कोई बात नहीं है असली पैसा है इसलिए मार्केट में नकली पैसा भी है असली सोना है इसलिए मार्केट में नकली सोना भी है असली हीरा है इसलिए मार्केट में नकली हीरा भी है अच्छे डॉक्टर है इसलिए कुछ डॉक्टर बुरे भी हैं अच्छे कर्मचारी भी हैं गलत कर्मचारी भी हैं अच्छे शिक्षक भी हैं और बुरे शिक्षक भी हैं इस तरह मार्केट में अच्छी डायरेक्ट सेलिंग कंपनियां है इसी कारण मार्केट में कुछ गलत और बुरी कंपनियां भी है तो इसमें घबराने की बात नहीं है इसमें सोच समझ कर आगे बढ़ाने की बात है

अब आप सही और गलत कंपनियां के बीच में अंतर कैसे स्पष्ट कर पाएंगे

1. अगर कंपनी सही है तो इसमें आपको बिजनेस शुरू करने में पैसे नहीं लगते हैं इसमें आपको अपना पैसे इन्वेस्ट नहीं करने होते हैं आप जो पैसे देते हैं आपको उसका उचित मूल्य पर प्रोडक्ट मिल जाता है लेकिन बहुत सारी कंपनियां ऐसी है जो इन्वेस्टमेंट प्लान चलाती है और लोगों से यह दावा करती है कि आपको कुछ नहीं करना है आपको बस एक बार पैसा दे देना है उसके बाद आपको लगातार पैसे

आते रहेंगे आपको बस अपने नीचे लोगों को जोड़ना है और उनसे भी पैसा सही लेना है तो यह गलत है लेकिन आप पैसा दे रहे हैं और उचित मूल्य पर आपका प्रोडक्ट मिल जा रहा है तो इसमें कोई गलत ही नहीं है

2. कुछ कंपनियां लोगों की आंखों में धूल झोंकने के लिए कुछ नकली प्रोडक्ट भी रखती है ताकि कोई उसे गलत नहीं समझ सके और वह सबके आंखों में धूल झोंक सके प्रोडक्ट वैल्यू फॉर मनी होनी चाहिए और उचित मूल्य पर मिलनी चाहिए

3. एक सही डायरेक्ट सेलिंग कंपनी के अंदर आपको पैसा तब बनता है जब आपके माध्यम से या आपके टीम के माध्यम से कोई व्यक्ति प्रॉडक्ट खरीदना है यहां पर जब प्रोडक्ट का सेल होता है तब पैसा बनता है क्योंकि प्रोडक्ट की बिक्री होने पर आपकी कंपनी को फायदा होता है इसके बदले वह आपको खुशी-खुशी कुछ कमीशन देती है लेकिन कुछ कंपनियां ऐसे ही पैसा देने के वादा करती है वह बोलती है कि आपको कुछ नहीं करना है आपको बस लोगों को जोड़ते रहना है अपने टीम में और पैसा लगवाना है और आपको पैसा मिलता रहेगा यह पैसे को घुमाने की काम करती है इसका पैसा उसके पास उसका पैसा इसके पास इधर-उधर करती रहती है इस तरह की कंपनियों में कोई प्रोडक्ट नहीं रहता है इसमें केवल पैसा ही घूमता रहता है जब कोई नया व्यक्ति इसमें पैसा निवेश करता है तो वहीं पैसा लोगों में बटतीं है और कुछ पैसा कंपनी के पास पहुंचती है जिससे कंपनी को भी फायदा होती है और इसके डिस्ट्रीब्यूटर को भी लेकिन इसमें कोई भी प्रोडक्ट नहीं होता है केवल इसमें प्लान होता है इन्वेस्टमेंट प्लान ऐसी कंपनियों से बच कर रहे हैं जो यह दावा करती है कि आपको कुछ नहीं करना है केवल अपना एक बार पैसा लगा देना है लेकिन

ऐसा बिल्कुल भी नहीं है असली डायरेक्ट सेलिंग कंपनी में आपको बहुत ज्यादा मेहनत करनी पड़ती है क्योंकि इसमें प्रोडक्ट होती है

4. सरल शब्दों में आपको समझाया जाए तो सही कंपनी में प्रोडक्ट के ऊपर काम होता है और आप पैसा तभी कमाते हैं जब आप या आपके टीम के लोग किसी को प्रोडक्ट बेचते हैं और प्रोडक्ट वैल्यू फॉर मनी होनी चाहिए जबकि गलत कंपनियों में कोई भी प्रोडक्ट नहीं होता है वे लोग इन्वेस्टमेंट प्लान चलते हैं आप इतना..... पैसा लगाइए आपको इतना.... ..पैसा मिलेगा आपको कुछ नहीं करना है और कुछ कंपनियां लोगों को धोखा देने के लिए नकली प्रोडक्ट भी अपने साथ शामिल कर लेती है लेकिन आपको इसको समझना होगा

आप इस प्रकार से सही और गलत कंपनियों के बीच अंतर को समझ सकते हैं और एक सही कंपनी की चुनाव कर सकते हैं

डायरेक्ट सेलिंग बिजनेस में अगर आप सफल हुए तो भी आप सफल हैं और अगर आप असफल हो गए तो भी आप सफल हैं:- डायरेक्ट सेलिंग बिजनेस में आप सफल हो गए तो भी आप फायदे में है और अगर आप असफल हो गए तो भी आप फायदे में है क्योंकि आपने यहां पर कुछ लगाया ही नहीं है आपने जो पैसा दिया उसके बदले में आपको कुछ प्रोडक्ट मिल गया अगर आप यहां पर चार से पांच साल लगातार मेहनत करते हैं तो आप यहां से सफल हो सकते हैं और बहुत ज्यादा पैसा कमा सकते हैं अपने सपनों को पूरा कर सकते हैं लेकिन अगर मान लीजिए अपने इस बिजनेस में सफल नहीं हुए फिर भी आप फायदे में हैं क्योंकि अगर आपने चार से पांच साल यहां पर मेहनत कर लिया तो आपका स्किल डेवलपमेंट हो जाएगा बहुत ही अच्छी तरह से जो आपकी लाइफ टाइम आपके काम आने वाला है चाहे आप

अब कुछ भी करें अपने जीवन में आप किसी भी डायरेक्ट सेलिंग कंपनी के साथ काम करें लगभग आप 5 साल वहां पर अवश्य दें 5 साल देने का अर्थ यह नहीं है कि आप उस कंपनी के साथ 5 साल जुड़े हुए हैं 5 साल देने का मतलब हैं कि 5 साल आप उसके साथ लगकर मेहनत कीजिये

और अगर आप किसी भी डायरेक्ट सेलिंग कंपनी के साथ अपना बिजनेस कर रहे हैं तो आप अपना बिजनेस पैसे कमाने के लिए ना करें आप अपना बिजनेस कुछ सीखने के लिए करें आप अपना बिजनेस अपने आप को विकसित करने के लिए कीजिए आप अपना बिजनेस स्किल डेवलपमेंट के लिए कीजिए क्योंकि बहुत सारे लोग इस बिजनेस की शुरुआत करते हैं और उनको यह लगता है कि यहां पर कुछ नहीं करना होगा यहां पर कुछ मेहनत नहीं करना होगा बस ऐसे ही बन जाएंगे करोड़पति लेकिन कुछ साल के बाद जब कुछ नहीं होता है तो ऐसे लोग छोड़कर भाग जाते हैं और बोलते हैं मैं भी किया था कुछ नहीं हुआ लेकिन आप इस बिजनेस को अगर आप सीखते सीखते करेंगे तो आपको इसको करने में मजा भी आएगा अच्छा भी लगेगा और आप इसे मजा करते-करते इसमें बहुत बड़ी सफलता हासिल कर लेंगे आप खुद को विकसित करने पर अपना ध्यान दें इस बिजनेस के अंदर आपका बिजनेस अपने आप बढ़ने लगेगा जब आपका विकास होगा

आपके 19 वें दिन की सिख (डे 19 लर्निंग)

1. डायरेक्ट सेलिंग जैसा बिजनेस इस धरती पर नहीं है क्योंकि लोग इसमें एक दूसरे को सफल बनाकर ही सफल बनते हैं इसमें लोग एक दूसरे की मदद करते हैं

2. इस दुनिया का बिजनेस स्कूल डायरेक्ट सेलिंग बिजनेस है अगर आपको बिजनेस का संपूर्ण ज्ञान चाहिए तो आपको 5 साल डायरेक्ट सेलिंग करना चाहिए

3. डायरेक्ट सेलिंग से वे सारे कौशल को अपने अंदर विकसित कर सकते हैं जिसे आप पैसे देकर कभी नहीं खरीद सकते

4. आज के समय में बिजनेस करना बहुत ज्यादा आसान हो गया है क्योंकि आपको अपना प्रोडक्ट तैयार नहीं करना है प्रोडक्ट तो पहले से ही कंपनी ने तैयार कर दिया है आपको अब कंपनी के साथ पार्टनरशिप करना है टीम बनाना है और प्रोडक्ट को मार्केट में कस्टमर तक पहुंचना है और पैसा कमाना है

5. इस बिजनेस को लोग पैसा कमाने के लिए शुरू करते हैं लेकिन यहां पर पैसे के साथ-साथ फ्री में अपना स्किल डेवलपमेंट भी कर सकते हैं

6. डायरेक्ट सेलिंग बिजनेस इस दुनिया के प्रत्येक इंसान को करना चाहिए जो अपने लाइफ में ज्यादा सफल होना चाहता है लगभग 5 साल

कार्य योजना (एक्शन प्लान)

1. आप जब कभी भी डायरेक्ट सेलिंग बिजनेस की शुरुआत करें और किसी भी कंपनी के साथ पार्टनरशिप करें उससे पहले उसके बारे में अच्छी तरह से रिसर्च कर ले

> "सपने तो घर बैठे भी देखे जा सकते हैं लेकिन उसे पूरा करने के लिए बाहर निकलना ही पड़ेगा......शौर्य"

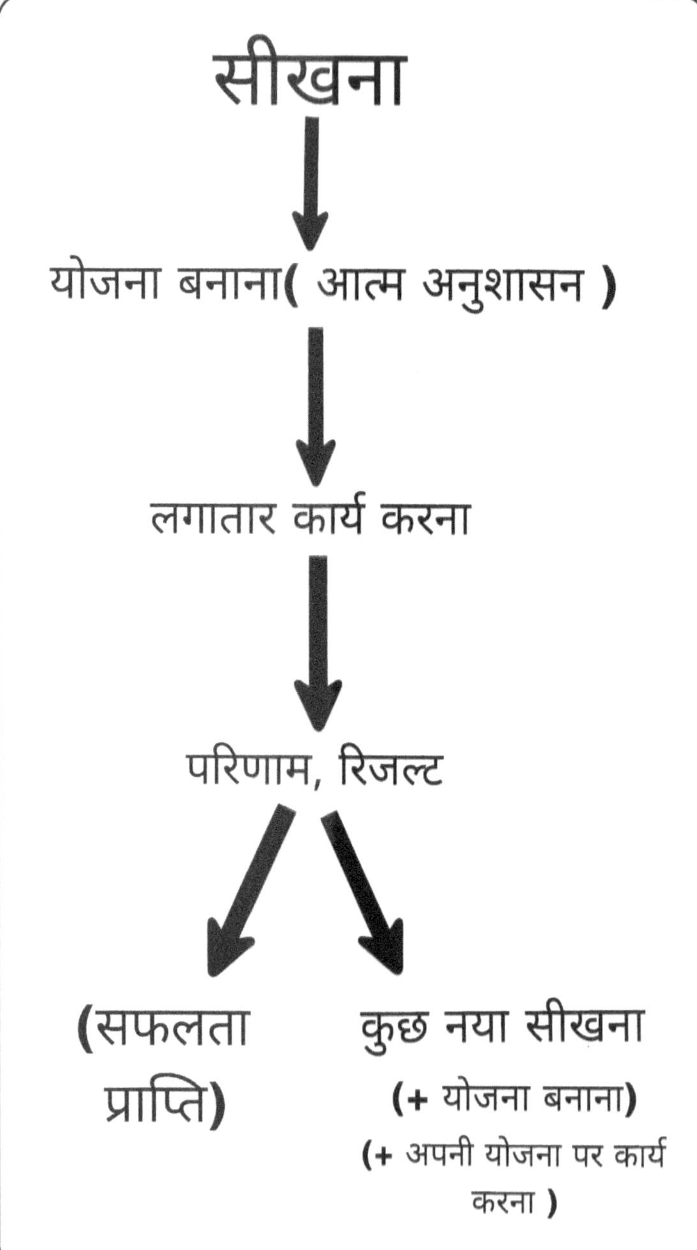
सीखना
योजना बनाना(आत्म अनुशासन)
लगातार कार्य करना
परिणाम, रिजल्ट
(सफलता प्राप्ति)
कुछ नया सीखना
(+ योजना बनाना)
(+ अपनी योजना पर कार्य करना)

जो इंसान कार्य करता है वह इंसान कभी भी असफल नहीं होता है क्योंकि या तो उसे सफलता की प्राप्ति होती है या तो वह कुछ नया सीखता है और दोबारा से योजना बनाता है और उसे पर कार्य करता है और अपनी सफलता को प्राप्त करता है लेकिन अगर आप कुछ कार्य नहीं कर रहे हैं और केवल बैठे-बैठे सो रहे हैं तो आप पहले से ही असफल हो रहे हैं इसलिए मैदान में आइये और अपना कर्म कीजिये

खंड 5

भाग 5 में हम यह समझने की कोशिश करेंगे की कोई भी व्यक्ति अपने जीवन में सफल कैसे होता है उसकी आदतें कैसी होती है वह क्या करता है वह कोई भी कार्य को कैसे करता है अगर आप भाग पास में बताया सभी तरीकों को अपने जीवन में उतार लेते हैं तो आप चाहे किसी भी फील्ड में जाएं आप 100% सफल हो जाएंगे

प्रकृति के कुछ नियम:-

इस दुनिया में कोई भी घटना बिना कारण वश ऐसे ही नहीं घटती है उसके पीछे जरूर कोई ना कोई कारण, नियम और सिद्धांत कार्य करते हैं जैसे अगर आप आम का बीज बोएंगे तो आपको आम ही मिलेगा अगर आप फूलों का बीज बोते हैं तो आपको फुल मिलेगा अगर आप कांटे का वृक्ष लागते हैं तो आपको कांटे ही मिलेगा यानी अपने सबसे पहली बार क्रिया किया(अपने बीज लगाए) उसके बाद प्रतिक्रिया हुआ(वृक्ष निकला) आप जो देंगे आपको वही मिलेगा वापस लौट कर यहां पर निष्कर्ष यह निकलता है कि जैसा हम कर्म करेंगे वैसा ही हमको फल मिलेगा जैसा हम क्रिया करेंगे वैसा ही प्रतिक्रिया होगा जैसा हम बीज बोएंगे वैसा ही फल उगेगा जैसा हम दूसरों को देते हैं वैसा ही हमें मिलता है

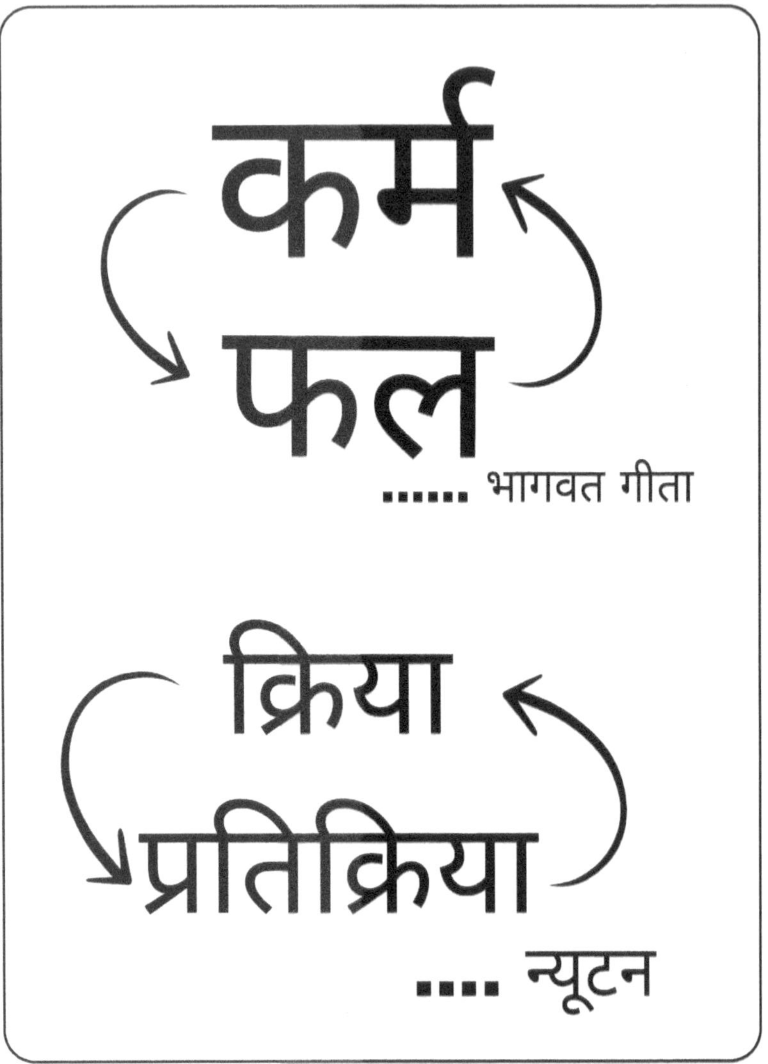

यही है प्रकृति का नियम और यह किसी के लिए नहीं बदलता है यह कभी नहीं बदलता है यह हमेशा कार्य करती है जिस प्रकार गुरुत्वाकर्षण का नियम सभी के लिए एक समान है और सभी

जगह पर एक समान है उसी तरह यह भी नियम सभी के लिए है यह प्रकृति का नियम है यह किसी के साथ भेदभाव नहीं करता है यह सभी के लिए एक समान कार्य करता है क्योंकि प्रकृति के नजरों में हम सभी लोग एक हैं

> अगर आप सफल होना चाहते हैं तो सफलता का बीज लगाए प्रकृति आपको सफलता का फल अवश्य देगी......
> शौर्य"

आपका काम तो केवल अपना कर्म करना है प्रकृति अपना कर्म अवश्य करेगी और आपको फल देगी आपका काम है केवल अपनी सफलता के लिए मेहनत करना प्रकृति आपको सफलता का फल अवश्य देगी यह आपके साथ कभी धोखा नहीं देगी तो इसलिए आप अपना कार्य करते जाएं और प्रकृति को उसका कार्य करने के लिए उस पर छोड़ दें प्रकृति अपना काम 100% करेगी

कर्म/क्रिया ⟶ फल/प्रतिक्रिया
10% ⟶ 10 %
100% ⟶ 100%

कर्मण्येवाधिकारस्ते मा फलेषु कदाचन।
मा कर्मफलहेतुर्भूर्मा ते सङ्गोऽस्त्वकर्मणि।।

(द्वितीय अध्याय, श्लोक 47, श्रीमद्भगवद्गीता)

भावार्थ:

कर्म पर ही तुम्हारा अधिकार है,
लेकिन कर्म के फलों में कभी नहीं.
इसलिए कर्म को फल के लिए मत करो
और न ही काम करने में तुम्हारी आसक्ति हो

तो चलिए दोस्तों हम अपना कर्म अच्छी तरह से करते हैं और प्रकृति को अपना कर्म करने के लिए उस पर छोड़ देते हैं

अब यहां पर हम यह समझने की कोशिश करेंगे की कोई सफल व्यक्ति क्या कर्म करता है और कैसे कर्म करता है यहां तक लगातार पढ़ने के लिए आपको बहुत-बहुत धन्यवाद

आखिर आपको चाहिए क्या

आखिर आपको चाहिए क्या आप क्या बनना चाहते हैं आप क्या प्राप्त करना चाहते हैं आपको क्या चाहिए आपकी इच्छा क्या है आप करना क्या चाहते हैं......?

मैं बहुत सारे लोगों से यह सवाल पूछता हूं कि क्या आप अपने जीवन में सफल और कामयाब होना चाहते हैं मुझे आज तक कोई व्यक्ति ऐसा नहीं मिला जो यह बोलता हो कि नहीं मैं सफल नहीं होना चाहता सभी लोग यही बोलते हैं मैं सफल होना चाहता हूं मैं सफल होना चाहता हूं लेकिन मैं जब उनसे अपना दूसरा सवाल यह पूछता हूं की क्या मतलब है इसका कि आप सफल होना चाहते हैं अर्थ क्या है आपकी सफलता की आप क्या प्राप्त करना चाहते हैं आप क्या बनना चाहते हैं आपका लक्ष्य क्या है आपकी इच्छा क्या है ज्यादातर लोग इन सवालों का जवाब नहीं दे पाते हैं यह बहुत ही आश्चर्य की बात है

यदि आपको भी यह स्पष्ट पता नहीं है कि आप प्राप्त क्या करना चाहते हैं आपका लक्ष्य क्या है आप अपने जीवन में क्या बनना चाहते हैं आप अपने जीवन में क्या करना चाहते हैं आपकी इच्छा क्या है तो आपको कुछ नहीं मिलेगा आप प्रकृति से जो मांगेंगे आपको वही मिलेगा लेकिन मांगने के लिए स्पष्ट होनी चाहिए कि आप मांगना क्या चाहते हैं अगर आप कुछ नहीं मांगेंगे तो आपको कुछ नहीं मिलेगा इसलिए सबसे पहले यह निर्धारित करें कि आपको क्या चाहिए आप क्या पसंद करते हैं

सफलता क्या है:-

अपने लक्ष्य को प्राप्त कर लेना ही सफलता है लेकिन सफलता प्राप्त करने से पहले अपना लक्ष्य निर्धारित करें आखिरकार आपका लक्ष्य क्या है अगर आपको यह पता है कि आपका लक्ष्य क्या है तब जब आप उसको प्राप्त करेंगे तभी आप सफल हो पाएंगे मैं यह चाहता हूं कि आप अपनी सफलता का अर्थ स्पष्ट करें दुनिया के लिए अपने सफलता का अर्थ है अपने लक्ष्य को प्राप्त कर लेना लेकिन मैं यह चाहता हूं कि आपके लिए सफलता का अर्थ क्या है इसकी परिभाषा आप खुद लिखें

आखिरकार आपके लिए सफलता का अर्थ क्या है............ (आप क्या प्राप्त कर लेंगे तो अपने आप को सफल समझेंगे उसे स्पष्ट करें) स्पष्ट लक्ष्य हमारे दिमाग को शक्ति और दिशा देती है

> "अगर आपको स्पष्ट पता नहीं है कि आपको जाना कहां है तो आप अपनी गाड़ी कहीं भी घुमा लीजिये आप कहीं नहीं पहुंचेंगे इसलिए अगर आपको कहीं पहुंचना है तो पहले स्पष्ट पता करें कि आपको कहां पहुंचना है......शौर्य"

स्पष्ट दिमाग शक्ति देता है

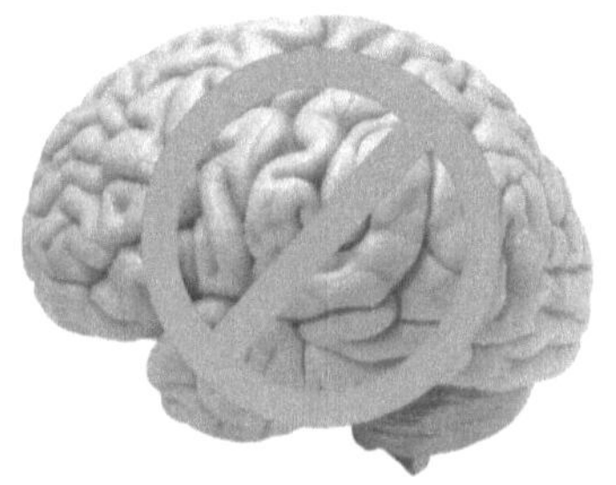

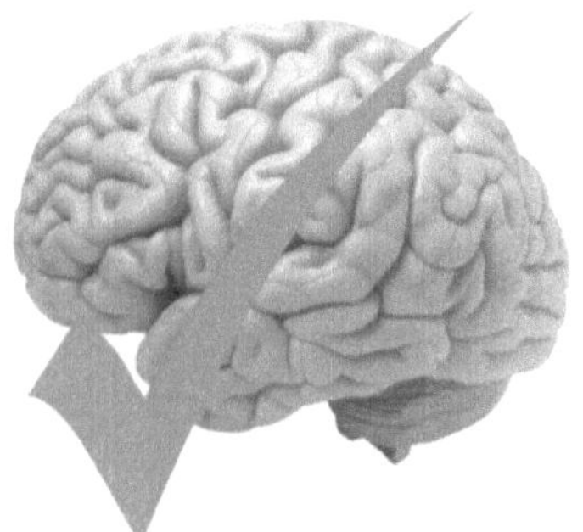

"अगर आप ईश्वर से कुछ नहीं मांगेंगे तो आपको कुछ नहीं मिलेगा इसलिए आप जो प्राप्त करना चाहते हैं वह हर रोज ईश्वर से मांगे प्रार्थना करें......शौर्य"

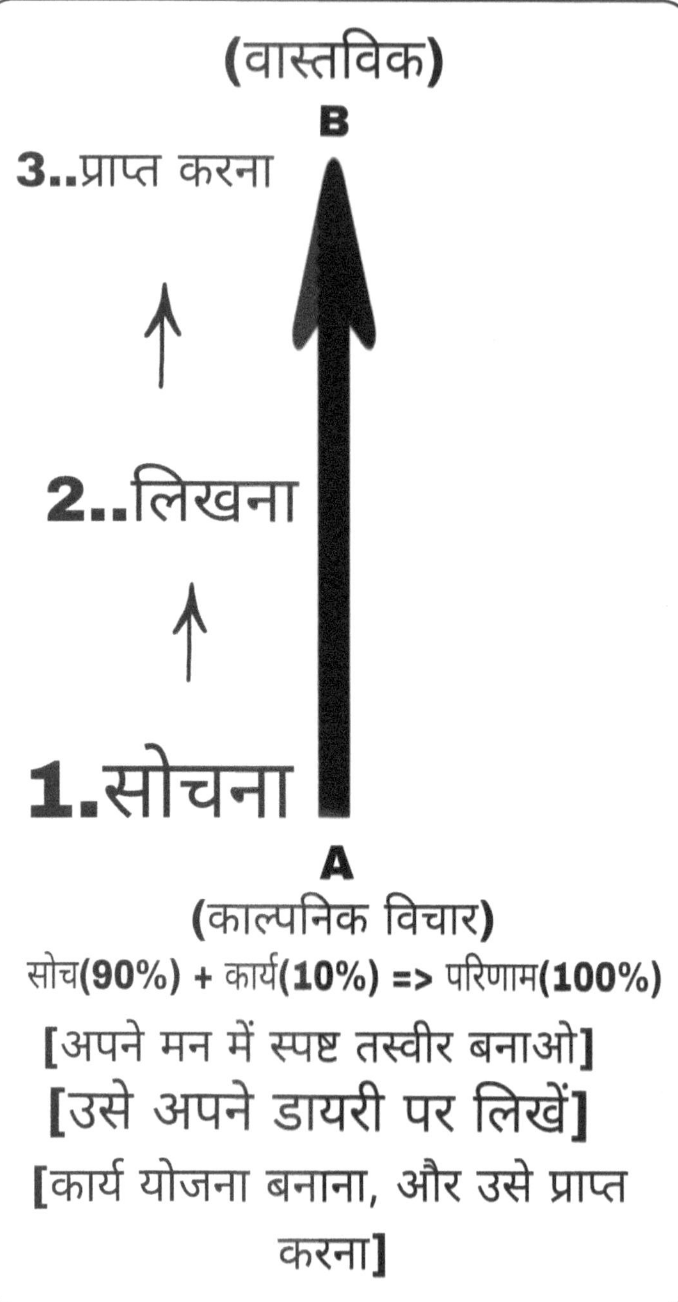
(वास्तविक)
B
3..प्राप्त करना
2..लिखना
1.सोचना
A
(काल्पनिक विचार)
सोच(90%) + कार्य(10%) => परिणाम(100%)
[अपने मन में स्पष्ट तस्वीर बनाओ]
[उसे अपने डायरी पर लिखें]
[कार्य योजना बनाना, और उसे प्राप्त करना]

खुद से करे सवाल:- आप अभी क्या करने वाले हैं आप आज क्या करने वाले हैं आप इस सप्ताह क्या करने वाले हैं आप इस महीने क्या करने वाले है आप इस साल क्या करने वाले हैं क्या प्राप्त करने वाले हैं आप अपने भविष्य को 5 साल के बाद कहां देख रहे हैं आप 10 साल के बाद अपनी जिंदगी को कैसी बनाना चाहते हैं आप क्या प्राप्त करना चाहते हैं आप अपने जीवन में क्या बनना चाहते हैं और इसकी लिखित स्पष्ट तरीके से प्लानिंग करें और उसे प्लान के अनुसार आगे बढ़े और अपने जीवन को आगे बढ़ाएं यह सवाल बार-बार पूछने की आदत डालें

क्या........

क्या.......

आपके 20वें दिन की सिख:-

1. इंसान की जीवन की गाड़ी दो पहियों से चलती है आध्यात्मिक पहिया और भौतिक पहिया

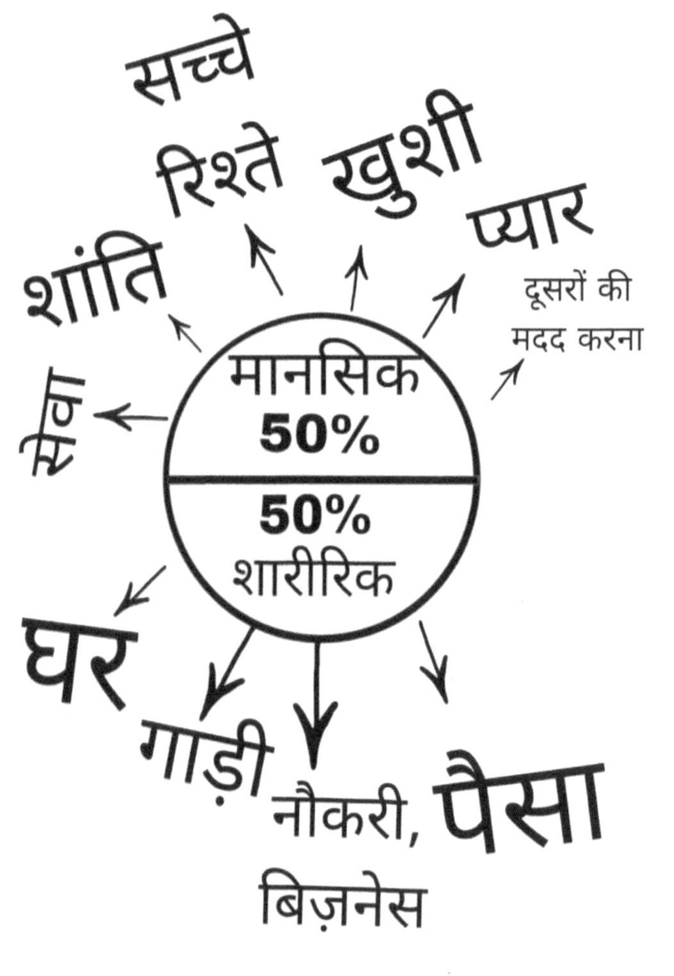
इंसान को केवल दो चीज की आवश्यकता है:-
50% आध्यात्मिक, मानसिक + 50% शारीरिक ज़रूरतें = सफल जीवन
सच्चे रिश्ते
खुशी
प्यार
शांति
दूसरों की मदद करना
सेक्स
मानसिक 50%
50% शारीरिक
घर
गाड़ी
नौकरी, पैसा
बिज़नेस

2. हमें अपनी सफलता की चिंता नहीं करनी चाहिए क्योंकि वह हमारे हाथों में नहीं है हमारे हाथों में केवल कर्म करना है इसलिए हमारा पूरा का पूरा ध्यान अपने कर्म करने पर होना चाहिए

3. आपको जो चाहिए आपको वह प्राप्त हो जाएगा लेकिन सबसे पहले यह स्पष्ट करें कि आखिर आपको चाहिए क्या आपको क्या चाहिए आपको क्या चाहिए............?

4. आपको जो चाहिए उसकी कल्पना करें उसका स्पष्ट चित्र अपने मस्तिष्क में बनाएं अपने आप पर विश्वास रखें कि आप उसे प्राप्त कर सकते हैं

5. आप जिस चीज की कल्पना कर सकते हैं आप उसकी रचना कर सकते हैं

6. यह पूरा का पूरा ब्रह्मांड आपका है ब्रह्मांड की सारी शक्तियां आपकी है और यह ब्रह्मांड की शक्ति आपके अंदर ही है क्योंकि आप ईश्वर के अंश हैं इसलिए आप कुछ भी कर सकते हैं आप जो चाहे उसे प्राप्त कर सकते हैं

7. आप जैसा सोचेंगे वैसा बन जाएंगे क्योंकि जब भी आप सोचते हैं आप अपने मस्तिष्क में बीज बो रहे होते है और जैसा आप बीज लगाएंगे अपने मस्तिष्क में वैसा ही फल पाएंगे

8. इस ब्रह्मांड की हर एक चीज चुंबकीय है आप उसे अपनी तरफ आकर्षित कर सकते हैं आप जैसा सोचेंगे वैसे चीजों को अपनी ओर आकर्षित करेंगे इस ब्रह्मांड में केवल दो शक्तियां हैं सकारात्मक और नकारात्मक लेकिन यह दोनों शक्तियां किसी के लिए भी कार्य नहीं करती है हम जैसा अपने मस्तिष्क से इसको निर्देश देते हैं वैसा ही यह हमारे लिए कार्य करती है जैसा हम सोचते हैं वैसी शक्तियां हमारे साथ कार्य करने लगती है

9. अगर हम प्रकृति के नियमों का पालन करें तो यह पूरा प्रकृति हमारे लिए काम कर सकती है

कार्य योजना (एक्शन प्लान)

1. आपको कुछ भी प्राप्त करने से पहले यह स्पष्ट हो जाना चाहिए कि आप क्या प्राप्त करना चाहते हैं आपका लक्ष्य क्या है आप क्या करना चाहते हैं आप क्या बनना चाहते हैं

लक्ष्य का निर्धारण

"जिनके जीवन में कोई महान लक्ष्य नहीं होता वह कीड़े मकोड़े का जीवन जीते हैं......शौर्य"

इस दुनिया के ज्यादातर लोग असफल इसलिए नहीं होते हैं क्योंकि वह कार्य नहीं करते हैं मेहनत नहीं करते हैं वह तो अपने जीवन में इसलिए असफल होते हैं क्योंकि उनके पास उनका स्पष्ट कोई भी लक्ष्य नहीं होता है कि आखिरकार वह अपने जीवन में क्या प्राप्त करना चाहते हैं?

अगर आप अपने जीवन में सफल होना चाहते हैं तो सबसे पहले आपको अपना लक्ष्य तय करना होगा और उसे प्राप्त करना होगा बिना लक्ष्य का जीवन व्यर्थ है अगर आपको यह स्पष्ट पता नहीं है कि आपका लक्ष्य क्या है तो आप अपने जीवन में ज्यादा कुछ प्राप्त नहीं कर पाएंगे

मैं जब भी किसी व्यक्ति से बात करता हूं तो उनसे मैं कुछ सवाल करता हूं:-

1. आप क्या करना चाहते हैं?
2. आपका अगला प्लान क्या है?
3. आप क्या चाहते हैं?
4. आप इसके बाद क्या करने वाले हैं?
5. आप अपने भविष्य को 5 साल के बाद कहां देखना चाहते हैं आप अपने जीवन में क्या प्राप्त करना चाहते हैं?
6. इसके लिए अपने कार्य योजना क्या बनाई है?

और भी मैं बहुत तरह के सवाल पूछता हूं लेकिन आश्चर्य की बात यह है कि मुझे आज तक स्पष्ट जवाब नहीं मिला है और कुछ लोग जवाब देते भी हैं तो ढंग की जवाब नहीं देते हैं उसमें कुछ अस्पष्टता नहीं होती है इस बात से यह स्पष्ट हो जाती है कि ऐसे लोग अपने जीवन में कुछ खास प्राप्त नहीं कर पाएंगे बिना लोकेशन की गाड़ी कहीं नहीं पहुंचेगी बिना लक्ष्य का जीवन कहीं नहीं पहुंचेगा

> "ऐसी गाड़ी कहीं नहीं जाएगी जिसे यह पता नहीं है कि जाना कहां है मंजिल कहां है......शौर्य"

आखिर इतने कम लोग ही सफलता क्यों प्राप्त कर पाते है:-

मार्क मैककारमैक ने अपनी पुस्तक में 1979 से 1989 के बीच हार्वर्ड स्कूल में हुए अध्ययन के बारे में लिखा है 1979 में हार्वर्ड के एमबीए ग्रैजुएट से यह सवाल पूछा गया कि आपके भविष्य में स्पष्ट लिखित लक्ष्य क्या है क्या आपने अपना लक्ष्य तय किया है रिसर्च से यह बाहर निकाल कर आया कि केवल 3% स्टूडेंट के पास ही लिखित और स्पष्ट लक्ष्य थे 13 % स्टूडेंट के पास लक्ष्य थे पर लिखित नहीं थे और स्पष्ट नहीं थे और 84% और

स्टूडेंट के पास कोई लक्ष्य नहीं थे 10 साल के बाद दोबारा उन सभी छात्रों के ऊपर फिर से रिसर्च किया गया उनकी जिंदगी को स्पष्ट रूप से देखा गया रिसर्च से यह सामने आया कि 84% जिन छात्रों के पास कोई लक्ष्य नहीं थे उनका जीवन ऐसे ही बस चल रही थी संघर्ष में 13% वह छात्र जिनके पास अपना लक्ष्य था पर लिखित और स्पष्ट नहीं था उनका जीवन औसत था लेकिन 3% वैसे छात्र जिनके पास लिखित और स्पष्ट लक्ष्य था उनका जीवन और साधारण था वह अपने लाइफ में बहुत ज्यादा सफल थे उनके पास बहुत ज्यादा सफलता थी उनके पास बहुत ज्यादा पैसे थे

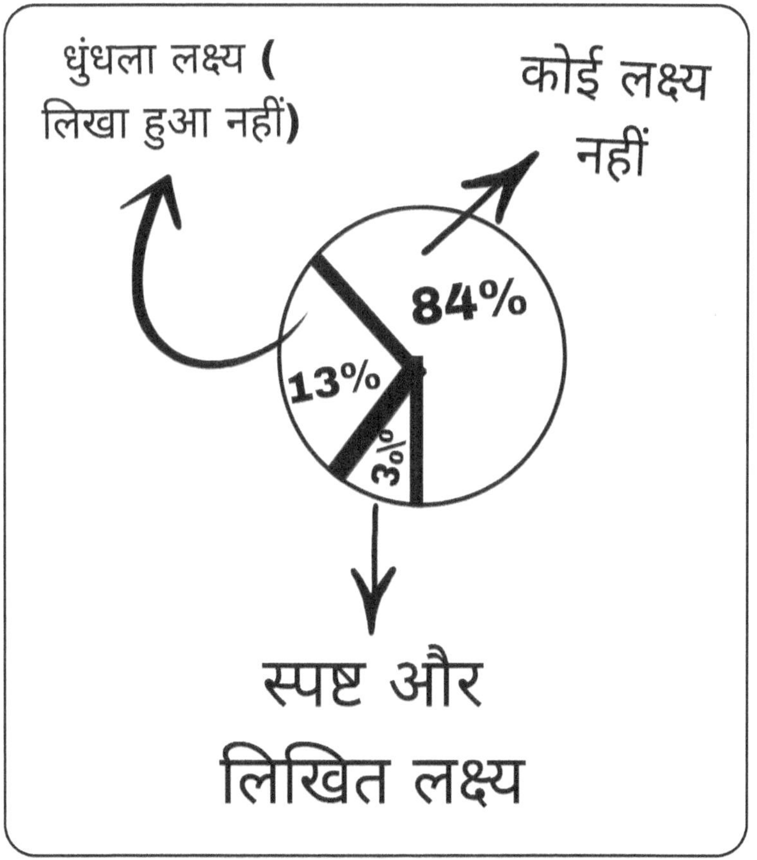

> "जिस व्यक्ति के पास उसका लिखित और स्पष्ट लक्ष्य होता है वह अपना आधा जंग ऐसे ही जीत लेता है......शौर्य"

> "बहुत कम लोग ही ऐसे होते हैं जिनके पास अपना खुद का स्स्पष्ट लक्ष्य होता है इसलिए बहुत कम लोग ही सफल हो पाते हैं......शौर्य"

क्या आपके पास आपका स्पष्ट और लिखित लक्ष्य है....... (हां/नहीं)

अगर है तो आपको बहुत-बहुत बधाई अगर नहीं है तो अभी जाकर आप अपना लक्ष्य निर्धारित करें आगे आपको बताए जाएंगे कि कैसे लक्ष्य को निर्धारित करना है इसलिए हमारे साथ बने रहे

अपना पूरा ध्यान अपने लक्ष्य पर लगाएं :-

जब कोई भी इंसान अपनी पूरी शक्तियां मानसिक आध्यात्मिक और शारीरिक को एक जगह पर एक कार्य के लिए लगा देता है दिन रात एक कर देता है तो यह ब्रह्मांड की पूरी शक्ति उसके लिए कार्य करने लगती है और उसे आगे बढ़ने में और लक्ष्य प्राप्त करने में मदद करने लगती है अगर आप भी अपना लक्ष्य प्राप्त करना चाहते हैं तो अपनी पूरी शक्तियों को एकाग्र करके अपने लक्ष्य पर लगा दें अपने पास कुछ भी बचा कर ना रखें अपनी पूरी शक्तियों को लगा दें उस कार्य के लिए अपने आप को पूरी तरह से सौंप दे तो यह ब्रह्मांड भी अपने पास कुछ भी नहीं रखेगा यह अपने आप को पूरी तरह से निचोड़ कर आपकी मदद करेगा और आपको आपके लक्ष्य के पास अवश्य लेकर जाएगा

एक लेंस भी कागज को तभी जला पाता है जब उसकी सारी शक्तियों को एक बिंदु पर एकाग्र किया जाता है

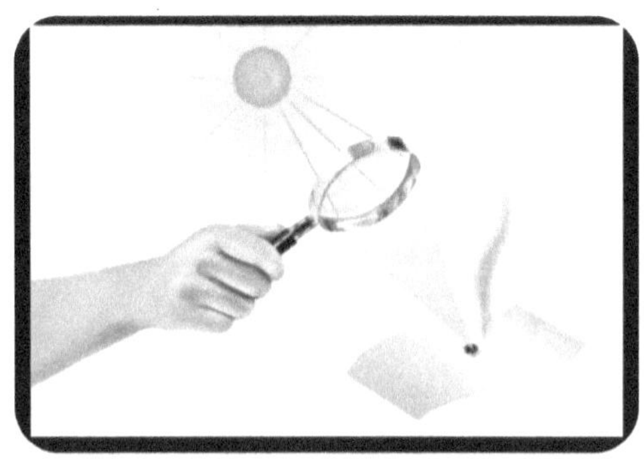

सिकंदर जी भी राष्ट्र पर हमला करता था वहां पर पहुंचने के बाद वह अपने नाव को पूरी तरह से जलकर भस्म कर देता था और अपने सैनिकों से स्पष्ट बोल देता था कि यहां से बचकर बाहर निकलने का केवल एक रास्ता है युद्ध जीतना अगर हम सभी लोग युद्ध को जीत जाएंगे तभी हम यहां से बचकर बाहर निकाल पाएंगे और अगर बचकर बाहर निकलना है तो हमें युद्ध जीतना पड़ेगा दूसरा कोई रास्ता नहीं है बाहर निकलने का वह अपने सैनिकों के सारे शक्तियों को एक जगह पर एकाग्र करता था युद्ध जीतना है और सभी लोग युद्ध जीतने के लिए युद्ध करते थे उनके दिमाग में यह स्पष्ट था कि हमें युद्ध जीतना है और जहां-जहां सिकंदर ने ऐसा किया वहां-वहां उसे सफलता प्राप्त हुई क्योंकि सारे सिपाही यह बात अच्छी तरह से समझते थे अगर अपनी जान बचाना है तो हमें यह युद्ध जीतना पड़ेगा किसी भी हाल में इसलिए प्रत्येक सैनिक अपना 100% युद्ध में देता था अच्छी तरह से लड़ाई करने में और वह ऐसा करके जीत जाते थे क्योंकि उनका दिमाग एकाग्र था एक चीज पर फोकस था उनका केवल युद्ध जीतना एकाग्र दिमाग शक्ति देता है और अएकाग्र दिमाग शक्ति को छिड़ करता है

(युद्ध का मैदान)

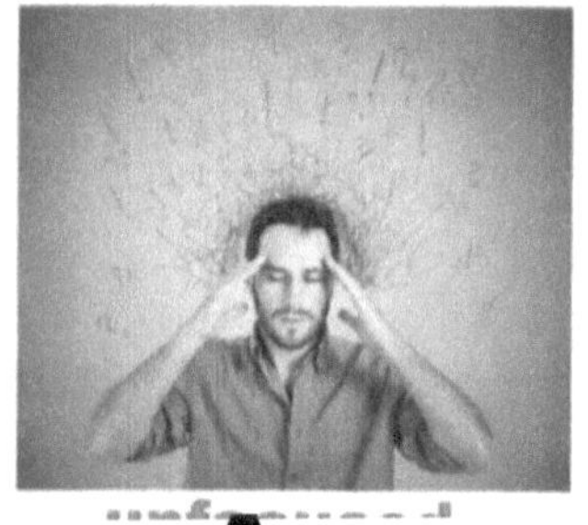

A. अगर मैदान में भागने की संभावना है तो योद्धा का दिमाग युद्ध पर कभी भी फोकस नहीं होगा

B. युद्ध के मैदान में भागने का कोई रास्ता नहीं है इसलिए योद्धा का दिमाग फोकस रहेगा

> "आपका लक्ष्य जितना ज्यादा स्पष्ट होगा आपके दिमाग को उतना ज्यादा शक्ति मिलेगी......शौर्य"

अपने लक्ष्य को प्राप्त करने के लिए उसे प्रभावशाली कैसे बनाएं...?
(आप अपने लक्ष्य को कैसे प्राप्त कर सकते हैं)

1. आपके लक्ष्य लिखे होने चाहिए पूरी स्पष्टता के साथ
2. आपका लक्ष्य पूरी तरह से स्पष्ट होनी चाहिए
3. आप अपने लक्ष्य को कब तक प्राप्त करना चाहते हैं समय सीमा निर्धारित करें
4. विजन बोर्ड, ड्रीम बोर्ड और डायरी तैयार करें इससे यह फायदा होगा कि आपका दिमाग अपने लक्ष्य को कभी नहीं भूलेगा जब भी आप अपने विजन बोर्ड या ड्रीम डायरी देखेंगे तो आपके दिमाग को मैसेज जाएगा और वह इस पर वर्क करता रहेगा अपने रास्ते से भटकेगी नहीं इसलिए आपके लक्ष्य की फोटो आपकी आंखों के सामने होनी चाहिए
5. अपने लक्ष्य को हर रोज विजुलाइज करें उसकी मानसिक तस्वीर देखें इसका स्पष्ट तस्वीर अपने दिमाग बनाएं इससे आपका दिमाग उस लक्ष्य को प्राप्त करने के लिए तैयार हो जाएगा
6. लक्ष्य के बारे में हमेशा सकारात्मक सोचें आप नकारात्मक लोगों से अपने लक्ष्य के बारे में कोई भी चर्चा ना करें क्योंकि नकारात्मक लोग आपको भी नकारात्मक कर देंगे
7. एक मजबूत एक्शन प्लान तैयार करें:- युद्ध में उतरने से पहले हर एक योद्धा युद्ध की तैयारी करता है अपनी कार्य योजना बनाता है इसलिए आपको भी अपना एक्शन प्लान बना लेनी चाहिए अब समझते हैं यह कैसे बनेगा आज ही

आप एक डायरी और पेन लेकर बैठ जाएं जो भी आपका लक्ष्य है मुझे पूरा भरोसा है आपने उसे लिख लिया होगा और अगर आप नहीं लिखे हैं तो आपको पहले इसे लिख लेनी चाहिए उसके बाद ही आप कार्य योजना बनाएंगे ज्यादातर लोग अपने लक्ष्य को इसलिए प्राप्त नहीं कर पाते हैं क्योंकि उनके पास एक मजबूत कार्य योजना नहीं रहती है कि आखिरकार उसे प्राप्त कैसे करना है उसे प्राप्त करने के लिए क्या-क्या करना पड़ेगा डायरी पेन लेकर बैठ जाए और जो भी आपका लक्ष्य है उसके अनुसार अपनी कार्य योजना तैयार करें अपने आप से प्रश्न पूछे मैं इस लक्ष्य को प्राप्त करने के लिए क्या-क्या कर सकता हूं मुझे क्या-क्या करना चाहिए और लगभग 5 से 10 आइडिया लिख लीजिए मुझे यह करना है मुझे यह करना है ऐसे करके 5 से 10 आइडिया लिख ले और सभी के ऊपर मेहनत करना शुरू कर दे बिना मेहनत के दोस्त सफलता नहीं मिलेगी आपको मेहनत तो करनी ही पड़ेगी अब अपने एक्शन प्लान के अनुसार एक्शन लेना शुरू कर दें इस प्रकार से आप अपने लक्ष्य को प्राप्त कर पाएंगे अपना एक्शन प्लान बनाएं.........................

8. अपने लक्ष्य को प्राप्त करने के लिए आपको कड़ी से कड़ी मेहनत करनी पड़ेगी 99% लोग यही नहीं करना चाहते हैं उनको लगता है की मैगी की तरह बस 2 मिनट में सब

कुछ हो जाएगा लेकिन जिंदगी के साथ ऐसा कुछ भी नहीं है आपको वर्षों मेहनत करनी पड़ेगी आपको हर रोज मेहनत करनी पड़ेगी तब जाकर जिंदगी अच्छी बनेगी और तब जाकर आपको सफलता मिलेगी

> ## क्या आप स्मार्ट गोल का मतलब जानते हैं ?
>
> स्मार्ट गोल का मतलब है :
>
> S - SPECIFIC   स्पष्ट
> M - MEASURABLE   जिसे मापा जा सके
> A - ACHIEVABLE   पूर्ण करने योग्य
> R - REALISTIC   वास्तविक
> T - TIME BOUND एक परिधि में, समय में बँधा हुआ

9. अपने लक्ष्य को स्मार्ट (SMART) बनाइये (Specific) स्पष्ट:- आपका लक्ष्य स्पष्ट होना चाहिए आपका लक्ष्य जितना ज्यादा स्पष्ट होगा आप उसे उतना ज्यादा आसानी से प्राप्त कर पाएंगे जैसे स्पष्ट लक्ष्य क्या है कोई व्यक्ति यदि यह कहता है मुझे एक कार लेनी है तो यह स्पष्ट लक्ष्य नहीं है स्पष्ट लक्ष्य यह होगा आपको कौन सी गाड़ी चाहिए.....? कौन सा मॉडल होगा......? किस कलर का होगा......? उसका कितना मूल्य होगा......? आप उसे कब तक खरीदना चाहते हैं.....? यह एक स्पष्ट लक्ष्य हुआ तो आपको ऐसे ही अपना लक्ष्य निर्धारित करना है (measurable) मापने योग्य लक्ष्य आप अपने लक्ष्य को मापने योग्य बनाइये जिसे मापा जा सके जैसे समझते हैं

कोई व्यक्ति यदि यह बोलता है मुझे पैसा चाहिए मुझे बहुत सारा पैसा चाहिए तो आपके दिमाग को यह स्पष्ट पता नहीं है कि कितना पैसा आपको लक्ष्य ऐसा बनाना चाहिए मुझे इतना.......... पैसा चाहिए, मैं महीने के....... पैसा कमाना चाहता हूं मेरी महीने की सैलरी.।....... इतनी होगी इस वर्ष मेरा व्यवसाय...... माल बेचेगा और....... लाभ प्राप्त करेगा (achieveable) आपके लक्ष्य प्राप्ति के योग्य होने चाहिए अब आप में से बहुत सारे लोग यह सोचेंगे कि मैं तो यह बोलता हूं की एक इंसान के लिए कुछ भी प्राप्त करना असंभव नहीं है आपकी बात सही है इंसान के लिए कुछ भी प्राप्त करना संभव नहीं है लेकिन अभी के अनुसार कुछ चीज संभव और असंभव हो सकती हैं महीने का एक करोड़ रूपया कमाना कोई मुश्किल नहीं है असंभव नहीं है लेकिन बहुत सारे लोग इतना पैसा नहीं कमाते हैं जैसे कोई व्यक्ति है और वह महीने की □10000 कमाता है अगर वह लक्ष्य सेट करें कि मुझे अगले महीने एक करोड रुपए कामना है तो यह लक्ष्य थोड़ा सा असंभव लग सकता है क्योंकि एक करोड़ रूपया महीने के कमाने के लिए आपको उसके जैसा इंसान भी बनना पड़ेगा जो महीने के एक करोड रुपए कमाता हो आपको पैसे कमाने में समय नहीं लगेगा आपको वह इंसान बनने में समय लगेगा एक और उदाहरण से समझते हैं मान लीजिए कोई व्यक्ति कभी भी जिम करने नहीं जाता है और बहुत ज्यादा मोटा हो गया है और वह आज से यह निर्णय ले कि मैं कल से 5 घंटे जिम जाऊंगा और एक सप्ताह के अंदर सिक्स पैक बॉडी बनाऊंगा तो यह असंभव है सिक्स पैक बॉडी बनाना असंभव नहीं है लेकिन जो व्यक्ति अपना ऐसा लक्ष्य सेट किया है उसका असंभव है(realistic) आपके लक्ष्य

वास्तविक होने चाहिए आप अपने आप से एक सवाल पूछिए क्या आपने जो लक्ष्य निर्धारित किया है क्या वह लक्ष्य किसी ने प्राप्त किया है अगर किसी ने प्राप्त किया है तो वह वास्तविक लक्ष्य है और आप भी उसे प्राप्त कर लेंगे (time bound) अपने लक्ष्य को समय सीमा में बांध दें आप अपने लक्ष्य को कब तक प्राप्त करना चाहते हैं यह स्पष्ट लिखा होना चाहिए तो इस प्रकार से आप अपने लक्ष्य को स्मार्ट बना सकते हैं

10. अपने बड़े लक्ष्य को छोटे-छोटे टुकड़ों में विभाजित करें:- ज्यादातर लोग अपने लक्ष्य निर्धारित करने के बाद भी टालमटोल करते रहते हैं क्योंकि वह अपने लक्ष्य को बहुत बड़े-बड़े निर्धारित कर लेते हैं इसमें कोई गलती नहीं है आपको बहुत बड़ी-बड़ी सपने देखना चाहिए आपको बहुत बड़ा लक्ष्य बनाने चाहिए लेकिन उसे छोटे-छोटे टुकड़ों में विभाजित करना चाहिए जिससे यह होगा कि आप अपने लक्ष्य को बहुत ही आसानी से प्राप्त कर पाएंगे आप अपने बड़े लक्ष्य को पहले साल के रूप में विभाजित करें उसके बाद महीने के रूप में विभाजित करें उसके बाद सप्ताह के रूप में उसके बाद दिन के रूप में विभाजित करें उसके बाद अपने दिन के लक्ष्य को घंटे के लक्ष्य में विभाजित करें इस प्रकार से आप अपने लक्ष्य को बहुत ही आसानी से प्राप्त कर पाएंगे जैसे मान लीजिए अपने नए साल के लिए किताब पढ़ने का निर्णय लिया है कि आप 12 किताब पढ़ेंगे इस साल और आपको यह लग रहा है कि यह बहुत ही मुश्किल कार्य है तो यह आपको बड़ा इसलिए लग रहा है क्योंकि आप 12 किताब को देख रहे हैं देखिए आपको 12 किताब पढ़ते हैं और 1 साल के अंदर 12 महीने होते हैं यानी कि आपको एक महीने के अंदर एक किताब को खत्म करनी है एक सेल्फ हेल्प किताब में लगभग 300

लक्ष्य की स्थापना

किसी दिन का लक्ष्य

वह कौन सी चीज है जो मैं किसी दिन करना चाहता हूँ?

5 साल का लक्ष्य

अपने किसी दिन के लक्ष्य के आधार पर, अगले **5** वर्षों में मैं क्या कर सकता हूँ?

1 वर्ष का लक्ष्य

मेरे **5** साल के लक्ष्य के आधार पर, इस साल में क्या कर सकता हूँ?

मासिक लक्ष्य

मेरे एक साल के लक्ष्य के आधार पर, इस महीने में क्या कर सकता हूँ?

साप्ताहिक लक्ष्य

अपने मासिक लक्ष्य के आधार पर, इस सप्ताह में क्या कर सकता हूँ?

दैनिक लक्ष्य

अपने साप्ताहिक लक्ष्य के आधार पर, आज मैं क्या कर सकता हूँ?

अभी

अपने दैनिक लक्ष्य के आधार पर, वह एक काम क्या है जो मैं अभी कर सकता हूँ?

पेज होते हैं और 1 महीने में आपके पास 30 दिन यानी कि एक दिन में आपको 10 पेज ही केवल पढ़ते हैं अगर आप 12 किताब को भूल जाए की आपको 12 किताब पढ़ना भी है और आप केवल एक दिन पर फोकस करें और हर एक दिन लगभग 10 पेज पढ़ें तो आप एक महीने में एक किताब को खत्म कर लेंगे और 12 महीने में 12 किताब को खत्म कर लेंगे लेकिन आप किताब पढ़ना स्टार्ट ही नहीं करते क्योंकि आपको लगता है कि शायद मैं 12 किताब नहीं पढ़ पाऊंगा लेकिन इसे आसानी से पढ़ा जा सकता है आपको केवल 10 पेज पढ़नी है 10 पेज पढ़ पढ़ कर आप 12 किताब खत्म कर देंगे

11. टाइम मैनेजमेंट कीजिए:- अगर आप अपने लक्ष्य को प्राप्त करना चाहते हैं तो तो आपका सबसे ज्यादा समय अपने लक्ष्य के ऊपर कार्य करने में लगना चाहिए और आप अपना ज्यादा समय अपने लक्ष्य पर तभी लगा पाएंगे जब आप अपने समय को अच्छी तरह से मैनेज करना सीख जाते हैं (टाइम मैनेजमेंट सिद्धांत हम आगे सीखेंगे)

12. प्रत्येक दिन टुडू लिस्ट तैयार करें, अपने 24 घंटे की प्लानिंग,:- प्रत्येक रात को सोने से पहले एक डायरी पर आप कल क्या-क्या करने वाले हैं उसका प्लानिंग कर लें आप कल कौन-कौन से कार्य करेंगे उसे लिख ले स्पष्ट इसमें एक बात ध्यान रखती है कि जो कार्य आपके लक्ष्य से संबंधित नहीं है उसे इसमें शामिल न करें जो कार्य आपके लक्ष्य से संबंधित है केवल उसे ही इसमें शामिल करें टुडू लिस्ट तैयार करने से आपका दिमाग अपने कार्य पर फोकस रहता है कि मुझे आज क्या-क्या करनी है इसलिए इसका एक स्पष्ट लिस्ट तैयार करें जो कार्य जरूरी है और मुश्किल है उसे कार्य को पहले करें जब आप अपने दिन की शुरुआत में ही जरूरी और सबसे बड़ी कार्य को कर

लेते हैं तो आपका दिन बहुत ही अच्छे तरीके से निकलता है और आप धीरे-धीरे सारे कार्य को कर लेते हैं इसलिए जरूरी कार्य को सबसे पहले करना है और जो जरूरी नहीं है उसे करना ही नहीं है अपने लक्ष्य से संबंधित दिन में 5 से 10 कार्यों का सूची तैयार करें (अगर आपको शुरुआत में यह लिस्ट तैयार करना मुश्किल लग रहा है तो आप इस कार्य को साप्ताहिक भी कर सकते हैं एक सप्ताह में आप क्या-क्या करने वाले हैं कार्य उसको लिख ले और अगली सप्ताह में इसे चेक करें जो कार्य आपके लक्ष्य को प्राप्त करने में आपकी मदद कर रहा है उस कार्य को करने की समय सीमा बढ़ा दे और जो कार्य आपके लक्ष्य से संबंधित नहीं है और आपको रिजल्ट भी नहीं दे रहा है उस कार्य को आप धीरे-धीरे कम करना शुरू कर दें)

13. जिम्मेदारी लेना सीखें:- आप अपने लक्ष्य को प्राप्त करने की जिम्मेदारी खुद ले बहुत सारे लोग जिम्मेदारी लेना ही नहीं जानते हैं और ना ही कभी भी अपने जीवन का जिम्मेदारी खुद लेते हैं वह बस केवल दूसरों को दोषी देना ही जानते हैं लेकिन लक्ष्य आपका है प्राप्त आपको करना है इसलिए आपकी ही जिम्मेदारी है यह जीवन आपका है जिम्मेदारी आपकी है कि आप अपना जीवन कैसे जिएंगे आप अपने जीवन की 100% जिम्मेदारी लेना सीखें और जिम्मेदारी ले

14. पॉकेट कार्ड तैयार करें:- एक कागज के बड़े टुकड़े को छोटे-छोटे टुकड़ों में काट दीजिए और सभी टुकड़े पर अपना लक्ष्य लिख दीजिए और इस टुकड़े को अपने पॉकेट में, अपने बटुए में, अपने फोन के पीछे, अपने फोन और लैपटॉप के वॉलपेपर पर, अपने बाथरूम में, अपने स्टडी टेबल पर, अपने दीवाल पर जहां पर आपका नजर जाता है उसे चिपका दें इससे यह होगा कि आपकी नजर इस पर पढ़ती रहेगी हर रोज जिससे आपका दिमाग इस लक्ष्य को प्राप्त करने के लिए रास्ते ढूंढने लगेगा

15. अपने लक्ष्य को प्राप्त करने के अनुकूल अपनी आदतें बनाएं जैसा आपका लक्ष्य है उसी के अनुसार आपकी आदतें भी होनी चाहिए तभी आप अपने लक्ष्य को प्राप्त कर पाएंगे

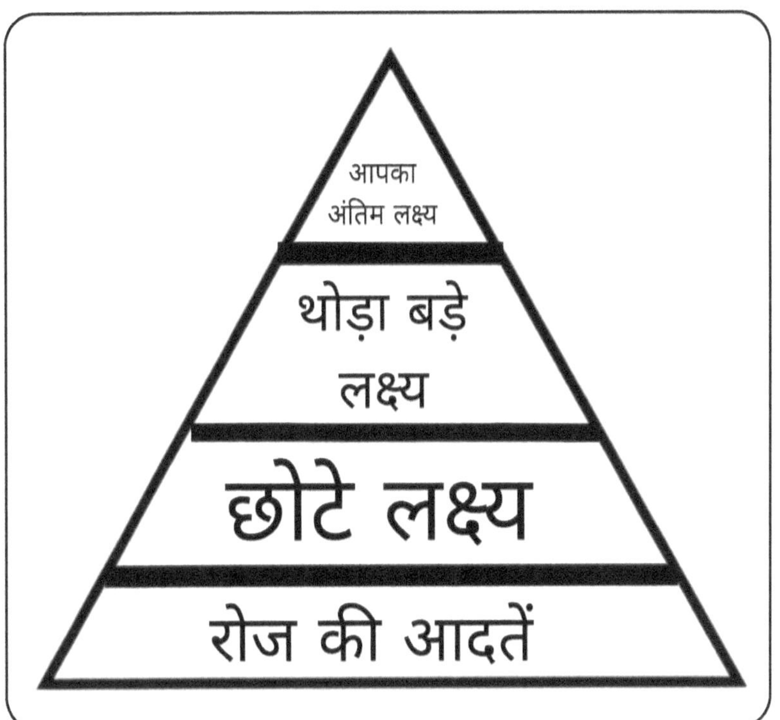

अपने आप से यह सवाल बार-बार करें:- आप आज जो कर रहे हैं क्या इसके मदद से आप अपने सप्ताह के लक्ष्य को प्राप्त कर सकते हैं अगर हां तो वह कैसे........ और अगर नहीं तो क्यों नहीं क्या कारण है जिसके कारण आप अपने सप्ताह के लक्ष्य को नहीं प्राप्त कर पा रहे हैं...............

क्या इस सप्ताह जैसे कार्य हुआ उसके अनुसार आप अपने महीने के लक्ष्य को प्राप्त कर सकते हैं........ अगर हां तो कैसे........और अगर नहीं तो क्यों नहीं क्या कारण है........

क्या इस महीने जैसा कार्य हुआ उसके अनुसार आप अपने 1 साल के लक्ष्य को प्राप्त कर पाएंगे अगर हां तो वह कैसे आपके

पास क्या प्रमाण है......... अगर नहीं तो क्यों नहीं क्या कारण है क्या परेशानियां आ रही है आपके सामने वह कौन सी चीज है जो आपके लक्ष्य प्राप्त करने मे आपको रोक रही है..........

ऐसी सवाल अपने आप से बार-बार करें हर रोज करें और एक डायरी और पेन लेकर बैठे हैं पूरी तरह से आपका हर एक चीज लिखित प्लानिंग होना चाहिए

आपके 21 वें दिन का सिख (डे 21 लर्निंग)

1. आपको जो चाहिए आपके दिमाग में वह स्पष्ट होना चाहिए उसके बाद उसे स्पष्ट रूप से लिख दें उसके बाद आप उसे प्राप्त कर लेंगे

2. सबसे आसान तरीके से अपने लक्ष्य को प्राप्त करने का तरीका सबसे पहले लक्ष्य निर्धारित करें उसके बाद एक मजबूत कार्य योजना बनाएं एक रोड मैप तैयार करें अपने अंदर आत्म अनुशासन डेवलप करें और लगातार अपने लक्ष्य को प्राप्त करने के लिए बनाए गए योजना पर कार्य करें इस प्रकार से आप अपने लक्ष्य को प्राप्त कर लेंगे

3. अपने लक्ष्य को आसान तरीके से प्राप्त करने के लिए इस छोटे-छोटे टुकड़ों में विभाजित कर दें 1 वर्षीय लक्ष्य बनाएं उसे 1 महीने में तोड़े 1 महीने के लक्ष्य को एक सप्ताह में तोड़े एक सप्ताह के लक्ष्य को एक-एक दिन में तोड़े और टुडू लिस्ट तैयार करें अपने लक्ष्य के अनुसार उसमें कार्य को लिखें और सभी कार्य को पूरा करते जाएं एक-एक दिन मे

4. अपना लक्ष्य अपने जीवन के ये 6 एरिया में निर्धारित करें 1. व्यक्तिगत लक्ष्य 2. पारिवारिक लक्ष्य 3. आध्यात्मिक लक्ष्य 4. फाइनेंशियल लक्ष्य 5. अपने खुद के विकास से संबंधित लक्ष्य कुछ नया सीखना, कौशल निर्माण करना,

अपने दिमाग को डेवलप करना (मेंटल लक्ष्य) 6. शारीरिक लक्ष्य (योग, ध्यान) केवल पैसे से संबंधित लक्षण ना बनाएं

5. आपका प्रत्येक दिन का लक्ष्य यह होना चाहिए कि आप अपने बीते हुए कल से आज 1% ज्यादा कुछ सीखें अपने बीते हुए कल का रिकॉर्ड आज तोड़ दें और आज का रिकॉर्ड अपने आने वाले कल में तोड़ दें

6. अपने बड़े लक्ष्य को छोटे-छोटे टुकड़ों में विभाजित कर दें और अपना पूरा ध्यान छोटे लक्ष्य को प्राप्त करने पर लगा दे इस प्रकार से आप अपने बड़े लक्ष्य को आसानी से प्राप्त कर पाएंगे

7. जिनके पास उनका लक्ष्य नहीं होता है वह अपनी जिंदगी जीते नहीं है वह केवल अपनी जिंदगी को काटते रहते हैं

8. लक्ष्य यदि स्पष्ट नहीं है लिखा हुआ नहीं है तो वह लक्ष्य नहीं है वह तो सपना है और सपना कभी भी टूट सकता है इससे पहले कि आपका सपना टूट जाए इसे लिख ले इसकी योजना बना लें और इस पर लग जाएं दिन-रात एक कर दे आप अपने सपनों को प्राप्त कर लेंगे

कार्य योजना (एक्शन प्लान)

1. आप अपने जीवन में क्या प्राप्त करना चाहते हैं उसे लिखिए उसको प्राप्त करने के लिए आप क्या-क्या कर सकते हैं उसे लिखिए लिखित प्लानिंग कीजिये

2. रात को सोने से पहले आप कल क्या करेंगे उसके बारे में स्पष्ट से एक टुडू लिस्ट तैयार कर ले अगर आप हर रोज नहीं कर सकते तो सप्ताह का टुडू लिस्ट बना ले एक ही दिन

3. अपने बड़े लक्ष्य को छोटे-छोटे हिस्सों में तोड़े और समय सीमा निश्चित करें

4. जाकर अभी अपना लक्ष्य निर्धारित करें और उसे प्राप्त करने के लिए एक मजबूत कार्य योजना तैयार करें आपके दिमाग में जो भी आईडिया आता है उसको प्राप्त करने के लिए क्या किया जा सकता है उसे लिख डालें और आज से ही अपने हर एक आइडिया पर कार्य करना शुरू कर दीजिए

टाइम मैनेजमेंट

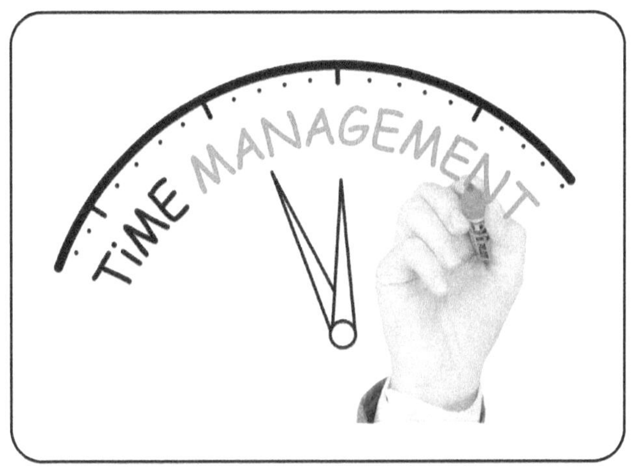

मैं समय हूं मैं अमूल्य हूं अनमोल हूं फिर भी तुम्हारे लिए निशुल्क हूं यह ब्रह्मांड ने मुझे तुम्हारे पास किसी खास उद्देश्य से भेजा है इसलिए मुझे अच्छे से जानो मेरा सही से इस्तेमाल करो मैं अमूल्य हूं क्योंकि मैं अगर एक बार गुजर जाऊं तो तुम मुझे किसी भी मूल्य पर वापस नहीं ला पाओगे कुछ लोग मुझे बर्बाद कर रहे हैं और कुछ लोग मेरे एक-एक पल का सही से इस्तेमाल कर रहे हैं तुम मेरा सही से इस्तेमाल करो फिर तुम देखो मैं तुमको कैसे तुम्हारे सपनों और लक्ष्य के पास पहुंचता हूं मैं सभी के लिए एक समान हूं चाहे वह कैसा भी हो अमीर गरीब बुड्ढा जवान सफल असफल मैं तुम्हारा समय हूं और अगर तुम्हारे हाथों से एक बार निकल गया तो दोबारा कभी नहीं आऊंगा.. तुम मुझे ऐसे ही बर्बाद

मत करो मुझे बर्बाद मत करो क्योंकि मेरे बर्बादी में ही तुम्हारी बर्बादी छिपी है.........समय

इस धरती पर जब तक हम जीवित हैं तब तक हमारे लिए हमारा समय ही सबसे कीमती धन है अगर एक बार यह हमारे हाथ से निकल जाए तो हम इसे दोबारा कभी भी नहीं प्राप्त कर सकते हैं और जो इंसान अपनी समय की कदर नहीं करता है समय भी उसकी कदर नहीं करता है यदि आपने अपना लक्ष्य निर्धारित कर लिया है लेकिन लक्ष्य निर्धारित करने के बाद भी आप अपने लक्ष्य को ज्यादा समय नहीं दे रहे हैं तो भी आप अपने लक्ष्य को नहीं प्राप्त कर पाएंगे आप अपने लक्ष्य को सबसे ज्यादा समय देंगे तब ही आप उसे प्राप्त कर पाएंगे

क्या आपने कभी यह सोचा है की दुनिया के सबसे सफल इंसान के पास भी 24 घंटे ही हैं और असफल व्यक्ति के पास भी 24 घंटे हैं तो क्या कारण है कि सफल व्यक्ति सफल बन पाया और एक असफल व्यक्ति अपने जीवन में असफल ही रह गया तो सफल लोग अपने समय का निवेश करते हैं और असफल लोग अपने समय को बर्बाद करते हैं अगर आप सफल बनना चाहते हैं तो आपको भी अपने समय को निवेश करना पड़ेगा

अपने समय को निवेश कैसे करें:-

1. रात को सोने से पहले आप कल दिन में क्या करेंगे कितने समय के लिए करेंगे कौन-कौन से कार्य करना आपके लिए जरूरी है अपने अगले 24 घंटे की प्लानिंग कर ले लिखित इसके बारे में हमने सिद्धांत 2 में टू डु लिस्ट के बारे में बात की थी यह वही है ऐसे करने से आपका बहुत ज्यादा समय बच जाता है आपको यह पहले से ही पता होता है कि आपको करना क्या है इसलिए यह करना बहुत जरूरी है इससे आपका बहुत समय बचेगा और जो कार्य जरूरी

नहीं है इसमें शामिल न करें वैसे कार्य जो आपके लक्ष्य से संबंधित नहीं है इसमें उसे ना लिखें

2. जो कार्य ज्यादा जरूरी है ज्यादा मुश्किल है और जो आपके लक्ष्य से संबंधित है उसे कार्य को पहले करें ज्यादा लोग यही गलतियां करते हैं कि वह अपना लिस्ट तैयार करते हैं और कोई भी कार्य को करना शुरू कर देते हैं आपको ऐसी गलती कभी नहीं करनी है आपको सारे कार्य करने की जरूरत नहीं है आपको केवल वह कार्य करना है जो आपके लक्ष्य से संबंधित है अगर फिर भी आपको सारे कार्य करने जरूरी है तो भी आप सबसे पहले वही कार्य करें जो आपके लक्ष्य से संबंधित है

3. जो कार्य जरूरी है लेकिन उतना भी जरूरी नहीं है उसे बाद में करें जो कार्य ज्यादा जरूरी है आपके लक्ष्य से उसे सबसे पहले करें

4. जो कार्य करना पूरा जरूरी नहीं है और जिसका संबंध आपके लक्ष्य से नहीं है उसे कभी ना करें और धीरे-धीरे उसे करना बंद कर दें

5. जिस कार्य को करने से आपको ज्यादा फायदा हो रहा हो और जिसकी संबंध आपके लक्ष्य से हो उस कार्य को करने का समय और ज्यादा बढ़ा दें जैसे अगर आप 1 घंटा करते थे तो 2 घंटा करें और जो कार्य आपके लक्ष्य से संबंधित नहीं है और आपको रिजल्ट भी नहीं दे रहा है उसे घटा दे

6. समय निश्चित करें कौन सा कार्य कब तक करना है

7. कोई भी कार्य शुरू करने से पहले उस कार्य को करने में जितनी भी वस्तुओं का उपयोग होगा अपने पास रख ले और जितने भी वस्तुओं का उपयोग नहीं होगा उसे दूसरे जगह पर रख दें अगर मोबाइल का उपयोग है तो इसे अपने पास रखें अगर इसका उपयोग नहीं है तो किसी दूसरे कमरे में रख दें

8. आपने 24 घंटा का जो प्लानिंग किया हुआ है जो लिस्ट तैयार किया हुआ है उसे अपने पास ही रखें ताकि आपका नजर उस पर पड़ता रहे कौन से कार्य करना है कौन से कार्य नहीं करना है

9. सोने और जागने का समय निश्चित कर ले

10. लोगों की मदद लेना सीखे जिस कार्य को कोई और कर सकता है उसे आप ना करें जिससे आपका समय बचेगा और यह समय आपके लक्ष्य के लिए लग सकता है

11. 80/20 के नियम को ध्यान में रखें हम अपने 24 घंटे में 80 परसेंट समय वैसे कार्य को करने में बर्बाद कर देते हैं जो हमें केवल 20% रिजल्ट देता है और अपना केवल 20% समय वैसे कार्य में लगाते हैं जो हमें 80% रिजल्ट देता है इसलिए आपको वैसे 20% कार्य को खोजना है जो आपको 80 परसेंट रिजल्ट देता हो और उसी कार्य में ज्यादा अपना समय लगाना है

12. डीप वर्क टेक्निक का उपयोग करें एक बार में कोई भी एक कार्य को ही करें मल्टीटास्किंग ना करें क्योंकि अगर आप दो खरगोश को पकड़ने की कोशिश करेंगे एक साथ तो आपके हाथ में एक भी खरगोश नहीं आएंगे

13. टाइम ब्लॉकिंग तकनीक का उपयोग करें जैसे मुझे आज 9:00 से 10:00 के बीच केवल किताबें पढ़नी है मैंने अपना एक घंटा ब्लॉक कर दिया 9:00 से लेकर 10:00 तक इसके बीच में कुछ भी नहीं करूंगा केवल किताब पढ़ूंगा यही है टाइम ब्लॉकिंग टेक्निक इसका उपयोग आप कर सकते हैं

14. पोमोडोरो टेक्निक:- हम इंसान हैं कोई रोबोट नहीं की लगातार हम काम करते रहेंगे इसलिए हमें बीच-बीच में काम के साथ ब्रेक लेना चाहिए जैसे आप लगातार 30 मिनट कार्य कर रहे हैं तो आपको 3 मिनट का ब्रेक लेना

चाहिए उसके बाद फिर दोबारा कार्य करना चाहिए इससे आप लंबे समय तक कार्य करते रहेंगे और थकेंगे नहीं 3 मिनट ब्रेक के अंदर आप मेडिटेशन कर सकते हैं आप गहरी सांस ले सकते हैं आप थोड़ा सा टहल सकते हैं आप पानी पी सकते हैं

15. जब भी आप कोई जरूरी कार्य कर रहे हैं तो अपने मोबाइल के नोटिफिकेशन बंद कर दें अपने मोबाइल को साइलेंट कर दें या स्विच ऑफ कर दे

16. पार्किंसन लॉ:- किसी भी कार्य को करने के लिए आप उसे जितना समय देंगे वह कार्य उतने समय में ही खत्म होगा

17. मॉर्निंग रूटीन तैयार करें अगर आप अपने सुबह और शाम को अच्छी तरह से संभाल लेते हैं तो आपका दिन अच्छा गुजरेगा इसलिए मॉर्निंग रूटीन तैयार करें सुबह उठने के बाद थोड़ा सा योगा करें, ध्यान करें, पूजा आरती करें, प्रार्थना करें, नाम जप करें, कुछ किताबें पढ़ें

तो इस प्रकार से आप अपने अपने समय का अच्छी तरह से निवेश कर सकते हैं और भविष्य में ज्यादा रिटर्न प्राप्त कर सकते हैं

> change one day=>one week=>one month=>1 year=change your life

अपने पीछे जो भी कार्य किए हैं उसी का परिणाम आपको आज मिल रहा है और आज आप जो भी कर रहे हैं उसका परिणाम आपको भविष्य में मिलेगा इसलिए आप अपना आज सुधार लें भविष्य अपने आप सुधर जाएगा उसकी चिंता करने की जरूरत नहीं है.... Gita ज्ञान

> "सफलता आपको इस बात से कभी नहीं मिलेगी कि आपने बहुत ज्यादा मेहनत किया आपने बहुत ज्यादा हार्ड वर्क किया सफलता आपको इस कारण से मिलेगी कि क्या आपने वह कार्य किया जो आपकी सफलता के लिए जरूरी था......शौर्य"

22 वें दिन की सिख:-

1. यदि आप अपने फील्ड के नंबर वन खिलाड़ी बनना चाहते हैं तो आपका सबसे ज्यादा समय आपके अपने फील्ड में लगना चाहिए

2. अगर एक बार यह आज का दिन गुजर जाए तो दोबारा कभी वापस नहीं आएगा इसलिए पूरी तरह से सोच समझकर ही आप कोई भी कार्य करें क्योंकि अपने समय को खर्च नहीं निवेश करना है

3. प्रकृति भी अपना हर एक कार्य समय के अनुसार ही करती है ना समय से पहले और ना ही समय के बाद इसलिए आप भी अपना हर एक कार्य को समय से कीजिए

4. आप अपने कार्य को संभालिए टु डू लिस्ट बनाकर आपका समय अपने आप संभल जाएगा

5. जिस कार्य को करने से आपका विकास नहीं हो रहा है जिस कार्य को करने से आपको सफलता नहीं मिलेगी जिस कार्य का संबंध आपके लक्ष्य से नहीं है उस कार्य को आप कभी ना करें

कार्य योजना(एक्शन प्लान)

1. अपने 24 घंटे का प्लानिंग हर रोज करें और अपने कार्यों का लिस्ट तैयार करें सबसे ज्यादा कार्य आपके लक्ष्य से संबंधित होने चाहिए अगर आप प्रत्येक दिन नहीं कर सकते हैं तो इस साप्ताहिक करें

लगातार सीखते रहना और आगे बढ़ते रहना

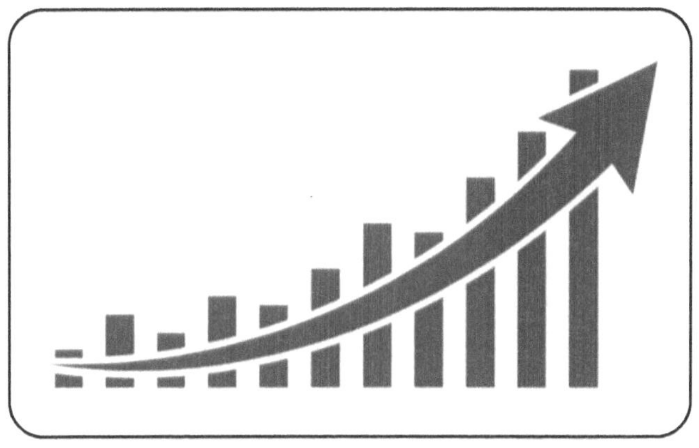

यह पूरा का पूरा ब्रह्मांड गति गति को पसंद करती है क्योंकि इस ब्रह्मांड की हर एक चीज अणु परमाणु गतिशील है और लगातार गति कर रहा है यह ब्रह्मांड लगातार फैलते जा रहा है आगे बढ़ते जा रहा है और आप अगर ध्यान से इस प्रकृति को भी देखें तो प्रकृति में भी हर एक चीज लगातार बढ़ती रहती है और जो बढ़ना छोड़ देता है इस प्रकृति में वह अब मरने लगता है अगर आप किसी पौधे को देखेंगे तो पहले वह छोटा रहता हैं उसके बाद बड़ा होता है बढ़ता है वह लगातार बढ़ते रहता है और जब वह बढ़ना छोड़ देता है तब उसका अंतिम समय आना शुरू हो जाता है और इसलिए हम सभी को ब्रह्मांड का यह छोटा सा मैसेज को समझना चाहिए और हम सभी को भी लगातार आगे बढ़ते रहना चाहिए लगातार सीखते रहना चाहिए सीखना कभी भी बंद नहीं करना चाहिए

अपनी तलवार पर आप हर रोज धार लगाए क्योंकि केवल सीखे रहना ही काफी नहीं है लगातार सीखते रहना जरूरी है आप दुनिया के जितने भी सफल लोगों को देखेंगे वह अपने फील्ड में हमेशा कुछ नया सीखते रहते हैं क्योंकि वह अच्छी तरह से यह बात समझते हैं कि जिस ज्ञान और जी कौशल से वह यहां तक आए हैं अगर यहां से आगे जाना है तो इस ज्ञान और इस कौशल से आगे नहीं बढ़ सकते इसलिए आपको भी अभी जो उपलब्धियां प्राप्त हो रही है आप केवल उसी के हकदार हैं अगर आप महीने के ₹100000 कमाते हैं तो आपका ज्ञान और स्किल केवल ₹100000 कमाने का ही है अगर आप इससे ज्यादा कमाना चाहते हैं तो अपना ज्ञान और स्किल बढ़ाना पड़ेगा

आपको उतना ही मिल रहा है जितने के आप लायक है:-

आप बाजार से थक कर घर आते हैं आपके हाथों में दो बैग हैं एक छोटा बैग है एक बड़ा बैग है आप जैसे ही अपने घर के दरवाजे खटखटाते हैं आपके पास आपके दो छोटे-छोटे बच्चे आ जाते हैं और दोनों आपसे आपका बैग छीनने लगते हैं एक बच्चा छोटा है और एक उससे थोड़ा सा बड़ा है आप कौन सा बैग किसको देंगे आप छोटा वाला बैग अपने छोटे बेटे को देंगे और बड़ा वाला बैग अपने बड़े बेटे को देंगे अपने आखिरकार ऐसा क्यों किया क्योंकि आप यह बात अच्छी तरह से जानते हैं कि उनकी क्षमता जितनी ही है उतना ही वह बैग उठा सकते हैं अपनी क्षमता से ज्यादा बड़े बैग को नहीं उठा सकते हैं इसलिए अपने छोटे वालों को छोटा बैग दिया और बड़े वालों को बड़ा बैग दिया इस तरह हमारे साथ भी यह प्रकृति करती है हमको केवल उतना ही मिलता है जीतने के हम लायक हैं जितनी हमारी क्षमता है जितना हम संभाल सकते हैं हमें परमात्मा उतना ही देते हैं अगर आपको ज्यादा चाहिए तो आप अपनी क्षमता बढ़ाइये अगर आप आज ₹100000 महीने की कमाई कर रहे हैं और आप चाहते हैं कि आप महीने के 10 लख

रुपए कमाए तो आपको अपनी क्षमता बढ़ानी पड़ेगी अपना सोचने का तरीका अपना काम करने का तरीका अपना माइंड सेट अपना स्किल अपना ज्ञान सब कुछ बढ़ाना पड़ेगा उस इंसान की तरह जो 10 लख रुपए महीने की कमाई करता है पैसा बड़ा छोटा नहीं है और ना ही इस काम आना मुश्किल है आपके लिए वह इंसान बनना मुश्किल है जो इतना पैसा कमाता है जितना पैसा कमाना चाहते हैं और यदि आप वह इंसान बन गए तो पैसा कमाना कोई बड़ी बात नहीं है इसलिए आप इंसान बनने पर फोकस करें अगर आप 10 लाख के इंसान है तो आपको 10 लाख मिलेगा अगर आप करोड़ों की इंसान है तो आपको करोड़ों रुपए मिलेंगे प्रकृति कभी किसी के साथ धोखा नहीं देती है आप जिसके लायक हैं आपको वह अवश्य मिलेगा

23 वें दिन की सिख:-

1. व्यवसाय करना या निवेश करना मुश्किल नहीं है और ना ही इसमें कोई रिस्क है रिस्क तब है जब आपको कुछ आता नहीं है

2. इस दुनिया के जितने भी सफल और महान लोग हैं वह कभी भी सीखना बंद नहीं करते हैं

3. आप अभी अपने जिंदगी में जहां पर भी हैं आपको अभी जो भी प्राप्त हो रहा है आपकी जो भी अभी उपलब्धियां है यह आपके ज्ञान कौशल के वजह से ही है अगर आप इससे ज्यादा प्राप्त करना चाहते हैं तो अपना ज्ञान बढ़ाना पड़ेगा आपको वह इंसान बनना पड़ेगा जो इंसान इसे प्राप्त कर रहा है आपकी सोच, आपकी आदतें बिल्कुल उसे इंसान की तरह होनी चाहिए

4. आप जिस भी ज्ञान और कौशल की मदद से अभी कुछ कर रहे हैं इस ज्ञान और इस कौशल के मदद से आगे कुछ नहीं किया जा सकता है इसलिए इसे बढ़ाना बहुत जरूरी है

5. यह पूरा ब्रह्मांड यह पूरा प्रकृति गतिशील है और यह गति को पसंद करता है

6. जो गतिशील नहीं है रुका हुआ है वह अपने मरने की तैयारी कर रहा है

7. ....आपने भी आज जो कुछ भी सीखा उसे नोट करते रहें

आपकी कार्य योजना (एक्शन वर्क, प्लान)

1. आप अपने फील्ड के 10 सबसे महान और सफल लोगों का एक लिस्ट तैयार करें और वह जो कुछ भी सिखते हैं जैसी किताबें पढ़ते हैं जैसे वीडियो देखते हैं जैसे सेमिनारों में जाते हैं वह जहां-जहां से कुछ भी सिखाते हैं वहां से आप सीखना शुरू करें आज से ही

   À....... B..... Ç......D........ (अभी लिस्ट तैयार करें)

अपनी आदतें बदलें और आपकी आदतें आपके जीवन को बदल देंगी

हमारी आदतों से हीं हमारे जीवन का निर्माण होता है हमारी वर्तमान की आदतें यह निर्धारित करेंगी कि हम भविष्य में क्या बनेंगे क्या प्राप्त करेंगे हमारा जीवन कैसा होगा हम अपना केवल आदतों को सुधार कर अपना जीवन सुधर सकते हैं हमें आज वर्तमान में जो चीज प्राप्त हो रही है चाहे वह सफलता हो या असफलता हो चाहे अमीरी हो या गरीबी हो चाहे स्वस्थ हो चाहे अस्वस्थ हो यह सब हमारे पहले के आदतों का परिणाम है और भविष्य में जो हमें प्राप्त होगा वह आज के आदतों का परिणाम होगा आपकी वर्तमान की जैसी आदतें हैं उसी के अनुसार

आपका भविष्य निश्चित होगा अगर आपकी आदत सफल है तो आप भविष्य में सफल होंगे अगर आपकी आदतें असफल है तो आप भविष्य में असफल होंगे इसलिए अगर आप अपना भविष्य सुधारना चाहते हैं तो अपना आज सुधार लें आपका भविष्य अपने आप सुधर जाएगा और यह आपके हाथों में ही है और भविष्य भी आपके हाथों में ही होगा

> "अगर आज आप भी वही कर रहे हैं जो सफल लोगों ने किया है तो आपको भी वही मिलेगा जो सफल लोगों को मिला है......शौर्य"

आपके आदतों का परिणाम:-.

आप जहां कहीं भी हैं अपने जीवन में आप अपने आदतों के अनुसार ही हैं आपने जो कुछ भी अतीत में किया है उसी का परिणाम आपको वर्तमान में मिल रहा है और आप आज जो कर रहे हैं उसका परिणाम आपको 5 से 10 साल के बाद मिलेगा जैसे अगर कोई इंसान मोटा है या पतला है तो वह मोटा या पतला कैसे हो गया अगर आप दोनों को ध्यान से देखेंगे तो दोनों की आदतों में बहुत ज्यादा अंतर होगा एक व्यक्ति अपने जीवन में बहुत ज्यादा सफल है और दूसरा अपने जीवन में बहुत ज्यादा असफल है अगर आप दोनों व्यक्तियों को ध्यान से देखेंगे तो दोनों की आदतें बहुत अलग होगी एक व्यक्ति अपने जीवन में अमीर होता है और दूसरा व्यक्ति अपने जीवन में गरीब रहता है दोनों की आदतों को अगर आप ध्यान से देखेंगे तो उसमें बहुत ज्यादा अंतर होगा अगर जो व्यक्ति अमीर है तो उसकी आदतें अमीरों जैसी होगी और जो व्यक्ति गरीब है उसकी आदतें भी गरीबों के जैसी होगी

कार्य ⟶ आदत ⟶ परिणाम

यदि हम किसी भी कार्य को लगातार करते हैं तो वह कार्य हमारी आदत बन जाती है और जैसी हमारी आदतें होती है उसी के अनुसार हमें परिणाम प्राप्त होता है अगर आप अपना परिणाम बदलना चाहते हैं तो सबसे पहले अपने कार्य को बदलें और इस कार्य को लगातार करें लगातार कार्य करने से यह आपकी आदत बन जाएगी और यह आदत आपको आपके परिणाम तक पहुंचाएगी

सफल आदतें कैसे बनाएं:-

यह बात तो हम सभी लोग बहुत ही अच्छी तरह से जानते हैं कि अगर हमें सफल बनना है तो अपने अंदर सफल आदतों को विकसित करना होगा हम जैसा बनना चाहते हैं उसी के अनुसार हमें अपनी आदतों को बदलना चाहिए आप 3 तरीकों से अपने अंदर सफल आदतों को विकसित कर सकते हैं

1. आप जिस भी क्षेत्र में सफल होना चाहते हैं उसे क्षेत्र के 10 सफल और महान लोगों का नाम लिखें (अभी)

2. उन सभी लोगों के ऊपर रिसर्च करें उनका ध्यान से देखें और यह समझने की कोशिश करें कि उनकी आदतें कौन-कौन सी है उनके सभी सफल आदतों का एक लिस्ट तैयार करें

3. उनकी सभी सफल आदतों को अपने अंदर विकसित करना शुरू कर दें वह क्या करते हैं कैसे करते हैं जैसे वे लोग कार्य करते हैं वैसे ही आप भी करना शुरू कर दें जो कार्य वह करते हैं आप भी वही करना शुरू कर दें जितना उन्होंने अपने कार्य को दिया है समय उतना आप भी देना शुरू कर दें धैर्य रखें और धैर्य के साथ लग रहे आपको वहां पर

पहुंचने में समय लग सकता है लेकिन आप वहां पर अवश्य पहुंचेंगे अगर आप लगातार वही करते रहेंगे जो सफल लोग कर रहे हैं तो आप भी बिल्कुल उनके जैसा ही बन जाएंगे भले इसमें समय लग सकता है

> अच्छी आदतें = अच्छा जीवन
> ख़राब अदतें = ख़राब जीवन

अमीर बनना आदतों का खेल है:-

> अमीर व्यक्ति=
> आमिर आदतें,
> आमिर माइंडसेट,
> अमीर कौशल,
> आमिर सोच

एक बार हेनरिक फोर्ड से एक इंटरव्यू में यह सवाल पूछा गया कि मान लीजिए अगर आपकी सारी बिजनेस बर्बाद हो जाए आपका सारा पैसा बर्बाद हो जाए तो आप क्या करेंगे उन्होंने यह जवाब दिया के 5 साल के अंदर मैं उसे दोबारा प्राप्त कर लूंगा जी हां मैं 5 से 10 साल के अंदर उसे दोबारा प्राप्त कर लूंगा मैं जहां पर आज हूं वहीं पर आकर खड़ा हो जाऊंगा क्योंकि पैसा बनाना बिजनेस बनाना एक स्किल है और मैं पूरी जिंदगी इसी को ही सीखा है हम अमीर और गरीब अपने आदतों अपनी सोच और मानसिकता के अनुसार ही बनते हैं जब मेरी सारा पैसा बर्बाद हो जाएगा मेरे पास कुछ भी नहीं बचेगा लेकिन मेरा सोचने का तरीका, मेरा मानसिकता और मेरी आदतें यह सभी अमीरों वाली ही रहेगी मैं दोबारा बिजनेस के बारे में ही सोचूंगा मैं दोबारा बिजनेस ही करूंगा और दोबारा बिजनेस करने में मेरी सारी आदतें, और मैंने जो वर्षों से बिजनेस करके सीखा है, उसकी मदद से मैं दोबारा अपना बिजनेस खड़ा कर लूंगा और मैं दोबारा से अमीर बन जाऊंगा मेरे और एक गरीब व्यक्ति में बहुत ज्यादा अंतर है एक गरीब व्यक्ति पार्टी करेगा टीवी देखेगा जिंदगी भर नौकरी करेगा किताबें नहीं पढ़ेगा दोस्तों के साथ घूमेगा नया घर लगा नई गाड़ी लगा कभी बिजनेस के बारे में नहीं सोचेगा अपने पैसे को खर्च करेगा निवेश नहीं करेगा अपने समय को बर्बाद करता रहेगा जिस कारण से वह जिंदगी भर गरीब ही रहने वाला है लेकिन मेरे अंदर एक भी गरीबों वाली आदतें नहीं है जिस कारण मैं दोबारा अमीर बन जाऊंगा क्योंकि अमीर बनना आदतों का ही खेल है

> "आप अमीरों से केवल उनका पैसा छीन सकते हैं लेकिन उनकी वर्षों की आदतें उनकी वर्षों की शिक्षा उनके सोचने का तरीका यह कभी नहीं छीना जा सकता है इसे आप केवल मेहनत के द्वारा ही प्राप्त कर सकते हैं......शौर्य"

आप भविष्य में कहां पहुंचेंगे यह कुछ आदतें निर्धारित करेगी

1. आप कैसी किताबें पढ़ते हैं, आप क्या सिखते हैं
2. आप कैसे लोगों के संगति में रहते हैं आपके दोस्त कैसे हैं वे लोग क्या करने की सोचते हैं वे लोग क्या करते हैं
3. आप क्या देखते हैं सोशल मीडिया पर कैसे लोगों को फॉलो करते हैं

सफल लोगों के कुछ आदतें:-

यहां पर मैं आपको सफल लोगों के कुछ आदतें शेयर कर रहा हूं जिसे आप अपने अंदर विकसित करके सफल बन सकते हैं

1. किताबें पढ़ना
2. अपना लक्ष्य निर्धारित करना
3. अपने पैसे को निवेश करना, पैसे और बिजनेस के बारे में सीखना
4. टाइम मैनेजमेंट अपने समय को बर्बाद ना करना
5. लगातार कुछ सीखते रहना अपने क्षेत्र में
6. अभ्यास करते रहना अभ्यास करना कभी बंद न करना
7. हमेशा सकारात्मक सोचना
8. सकारात्मक लोगों के साथ दोस्ती करना अपना नेटवर्क बढ़ाना,
9. सफल लोगों से सीखना
10. अपने हेल्थ का ध्यान रखना मेडिटेशन करना योगा करना ध्यान करना दौड़ना
11. अपनी गलतियों से सीखना और आगे बढ़ना
12. रिस्क लेना
13. टीमवर्क
14. आत्म जागरूकता अपने अंदर विकसित करना
15. आत्म अनुशासन

16. अपने कार्य से प्यार करना
17. अपना ध्यान अपने लक्ष्य पर केंद्रित करना
18. हमेशा बड़े-बड़े सपने देखना
19. मेहनत करना
20. अपने कंफर्ट जोन को तोड़ना, अपने लिए नया-नया चैलेंज लेना और उसे पूरा करना
21. जिम्मेदारी लेना
22. टू डो लिस्ट तैयार करना
23. सकारात्मक बोलना
24. खुद को इज्जत देना
25. पैसे को अच्छी तरह से समझना, पैसे का सही तरीके से उपयोग करना है पैसे को बर्बाद ना करना

आपके 24 वें दिन की सीख (डे 24 लर्निंग)

1. हम अपनी आदतों से ही सफल और असफल होते हैं हम अपनी आदतों से ही अमीर और गरीब होते हैं
2. पहले हम आदतों को बनाते हैं उसके बाद आदतें हमें बनाती है
3. आपके पहले के आदतों का परिणाम आपको आज मिल रहा है और आपके आज के आदतों का परिणाम आपको भविष्य में मिलेगा इसलिए अगर आप अपना भविष्य बदलना चाहते हैं तो अपनी आज की आदतें को पूरी तरह से बदल ले आपका भविष्य अपने आप बदल जाएगा
4. सफल आदतें बनाकर आप सफल बना सकते हैं
5. अगर आप भी वही कार्य कर रहे हैं जो सफल लोगों ने किया है तो आप भी सफल बन जाएंगे
6. कोई भी कार्य को हम लगातार करते हैं तो वह हमारी आदत बन जाती है और वही आदत हमें सफलता या असफलता के पास पहुंच जाती है

7. अपने क्षेत्र के सफल लोगों के सफल आदतों को कॉपी करके आप उनके जैसा सफल बन सकते हैं

8. ....आपने जो कुछ भी सीखा उसे लिखें

कार्य योजना(एक्शन प्लान)

1. सफल लोगों के सफल आदत का अपने अंदर निर्माण करें यह कार्य आज से ही करना शुरू कर दे

2. सफल लोगों के सफल आदतों का लिस्ट तैयार करें

3. प्रत्येक दिन आप किताबें पढ़ें

आपकी मानसिकता ही सब कुछ है

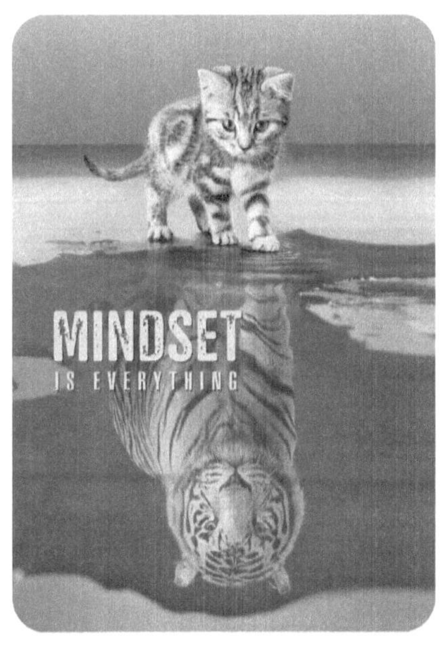

हमारी सफलता पूरी तरह से हमारी मानसिकता पर निर्भर करती है हम अपनी परिस्थितियों को कैसे देखते हैं उन्हें कैसे स्वीकार करते हैं हमारा दिमाग गूगल के सर्च इंजन जैसा कार्य करता है इससे आप जो सवाल पूछेंगे उसी का जवाब आपको यह देगा

मानसिकता(माइंडसेट)

अगर आप लाल रंग के चश्मे लगाएंगे तो आपको पूरी दुनिया लाल दिखेगी अगर आप हरे रंग के चश्मे लगाएंगे तो आपको

पूरी दुनिया हरि दिखेगी इसी तरह ही हम लोगों की दिमाग की जो बचपन से प्रोग्रामिंग हुई है पैसे के बारे में सफलता के बारे में अमीरी के बारे में बिजनेस के बारे में परिस्थितियों के बारे में, असफलता के बारे में उसी के अनुसार हमें परिस्थितियों दिखती है उसी के अनुसार हम परिस्थितियों को देखते हैं यानी कि किसी भी परिस्थितियों को देखने का हमारा नजरिया ही मानसिकता है क्या आप असफलता को असफलता के रूप में देखते हैं या इसे आप कुछ नया सीखने के रूप में देखते हैं (जरा सोच कर देखिए अगर कोई बच्चा किसी ऐसे परिवार में पैदा हुआ है जहां पर सभी लोग नौकरी के बारे में ही चर्चा करते हैं नौकरी को ही सबसे ज्यादा महत्व देते हैं जहां पर किसी ने भी बिजनेस नहीं किया है तो वह वह बच्चा कभी चाह कर भी बिजनेस के बारे में नहीं सोच सकता है वह भी केवल नौकरी के बारे में ही सोचेगा वह बिजनेस को पैसे को गलत नजरिया से देखेगा उसके दिमाग में तो केवल यही बात है कि अगर एक बार नौकरी लग जाए मतलब की सफल जीवन और वह अपने चारों तरफ वैसे लोगों को ही केवल देखा है जो नौकरी करते हैं और उनके पास एक घर है एक गाड़ी है मतलब कि वह सफल है इसलिए उसका विश्वास और भी बढ़ जाएगा और वह नौकरी प्राप्त करने के लिए बहुत ज्यादा मेहनत करेगा लेकिन वहीं पर आप सोच कर देखिए कोई बच्चा अगर अंबानी, एलॉन मस्क, मार्क जुकरबर्ग बिल गेट्स के घर पैदा हुआ वह बच्चा अपने चारों तरफ केवल बिजनेस की बात सुनेगा तो वह चाह कर भी पूरा कोशिश करने के बाद भी नौकरी नहीं करेगा वह बिजनेस ही करेगा क्योंकि वह अपने चारों तरफ केवल बिजनेस बिजनेस बिजनेस बिजनेस और बिजनेस की बातें ही सुनता रहेगा इसलिए उसकी बचपन से प्रोग्रामिंग हो जाएगी बिजनेस ही करना है)

इस पूरे दुनिया में दो तरह के मानसिकता के लोग रहते है

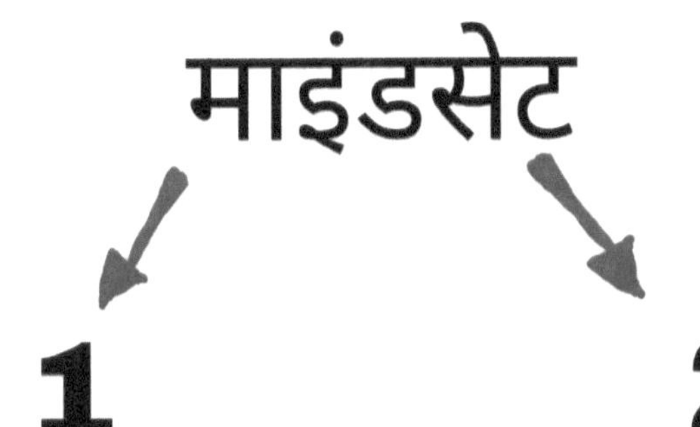

1... नेगेटिव माइंडसेट:- नेगेटिव माइंड सेट को ही बहुत सारे लोग फिक्स माइंड सेट या लूजर माइंड सेट भी बोलते हैं नेगेटिव माइंडसेट लोगों का विचारधारा कुछ इस प्रकार होता है

1. अगर मैं असफल हो गया तो क्या होगा?
2. मैं सफल नहीं हो पाऊंगा
3. मैं इसे नहीं कर पाऊंगा
4. यह कार्य मुझ से नहीं होगा
5. मुझे यह करना नहीं आता है
6. अब मुझे सिखने की कोई जरूरत नहीं है मुझे बहुत कुछ आता है
7. मेरे पास पैसे नहीं है
8. मैं इसे नहीं खरीद सकता हूं

9. मैं गरीब हूं
10. मुझे बहुत कुछ आता है
11. यह काम बहुत मुश्किल है
12. यह कार्य असंभव है मैं इसे नहीं कर पाऊंगा
13. तुम यह नहीं कर पाओगे
14. तुम सफल नहीं हो सकते हो
15. मेरी किस्मत ही खराब है मेरे भाग में यही लिखा है
16. मेरी कोई जिम्मेदारी नहीं है
17. सारी गलती दूसरे लोगों की है(दूसरों को दोस्त देना)

नकारात्मक माइंडसेट के लोग आपको ऐसे ही बातें करते दिख जाएंगे वे लोग ऐसे ही बातें करते हैं

2... सकारात्मक माइंडसेट:- सकारात्मक माइंडसेट को ही बहुत सारे लोग विनर माइंडसेट या ग्रोथ माइंडसेट भी बोलते हैं इस माइंडसेट के लोगों की विचारधारा कुछ इस प्रकार होती है

1. अगर मैं इस कार्य में सफल हो जाऊंगा तो क्या होगा
2. मैं सफल कैसे हो सकता हूं मुझे क्या करना होगा
3. मैं इस कार्य को कैसे कर सकता हूं
4. मैं इस कार्य को करने के लिए क्या कर सकता हूं
5. मैं इसे करना सीख सकता हूं
6. मुझे बहुत कुछ नहीं आता है अभी मुझे बहुत कुछ सीखना है
7. मेरे पास पैसे कैसे आ सकते हैं मुझे क्या करना होगा
8. मैं इसे कैसे खरीद सकता हूं
9. मैं अमीर कैसे बन सकता हूं
10. और मैं क्या-क्या सीख सकता हूं जो मुझे नहीं आती है
11. मैं इस काम को कैसे आसान बना सकता हूं
12. इंसान के लिए कुछ भी असंभव नहीं है

13. अगर कोई भी इंसान मेहनत करें तो वह हर एक चीज प्राप्त कर सकता है

14. सभी लोग सफल हो सकते हैं बस अपना कार्य खुशी खुशी करते रहे

15. मनुष्य अपने भाग का निर्माता समय होता है हम अपने कार्यों के द्वारा अपने अच्छे भाग्य का निर्माण कर सकते हैं

16. अगर मुझे सफल बनना है तो यह मेरी जिम्मेदारी है और किसी की भी नहीं

17. अगर मैं असफल हो रहा हूं तो यह मेरी गलती है

अभी आप एक थोड़ा सा कार्य कीजिए अपना मोबाइल उठाइए और जाकर गूगल पर सर्च कीजिए जिम जाने के 10 फायदे और दोबारा उस पर सर्च कीजिए जिम जाने के 10 नुकसान गूगल आपको कहीं से भी 10 फायदे और 10 नुकसान खोज कर दिखा देगा इससे यह निष्कर्ष निकलता है की जो हम खोजेंगे हमको वही मिलेगा जब आपको गूगल सकारात्मक सवाल का सकारात्मक जवाब और नकारात्मक सवाल का नकारात्मक जवाब दे रहा है तो जरा इस पर विचार करके देखिए हमारा दिमाग भी बिल्कुल गूगल जैसा ही कार्य करता है अगर आप इससे कोई भी सकारात्मक सवाल पूछेंगे तो यह आपको कहीं से भी ढूंढ कर सकारात्मक जवाब देगा लेकिन यदि आप इससे नकारात्मक सवाल पूछेंगे तो आपको यह नकारात्मक जवाब ही देगा जैसे ही आप यह सोचने लगते हैं मैं नहीं कर सकता मुझ से तो यह नहीं होगा यह संभव नहीं है मैं शायद कभी अमीर नहीं बन पाऊंगा, मैं सफल नहीं हो सकता, और भी बहुत तरह के नकारात्मक बात आप सोचते हैं तो आपका दिमाग इसे स्वीकार कर लेता है और बोलता है ठीक है और आपका दिमाग कार्य करना बंद कर देता है आपका दिमाग कर रास्ते ढूंढना बंद कर देता है लेकिन जैसे ही आप इससे यह सवाल पूछते हैं मैं अमीर कैसे बन सकता हूं मैं सफल कैसे बन

सकता हूं मैं इस कार्य को कैसे कर सकता हूं मैं और नया क्या सीख सकता हूं तो आपका दिमाग कार्य करने लगता है और नए-नए रास्ते खोजना लगता है और नए रास्ते खोजकर आपको दिखाता है इस तरह के सवाल से आपका दिमाग खुलता है इसलिए इसे खुले प्रश्न बोलेंगे और बंद प्रश्न ऐसे प्रश्न जिसे पूछने के बाद आपका दिमाग कार्य करना बंद कर देता है इसलिए अपने आप से हमेशा खुले प्रश्न ही पूछे जिससे आपका दिमाग खुल जाय और नए-नए रास्ते खोजने लगे

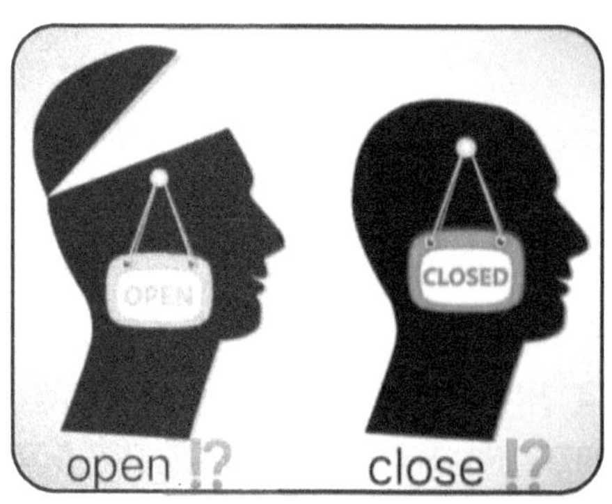

"अपने आप से हमेशा खुले प्रश्न(ओपेन क्वेश्चन) ही पूछे जिससे आपका दिमाग खुल जाए और नए-नए रास्ते खोजने लगे......शौर्य"

25 वें दिन का सिख (डे 25 लर्निंग)

1. अगर आप अपने आप से गलत सवाल पूछेंगे नकारात्मक सवाल पूछेंगे तो आपको गलत और नकारात्मक जवाब ही मिलेंगे

2. अपने आप से हमेशा सकारात्मक सवाल ही पूछे

3. आप अपने आप से यह कभी ना बोले मैं इसे नहीं कर सकता हूं अगर आप यह पूछेंगे तो आपका दिमाग बोलेगा ठीक है लेकिन जैसे ही आप यह पूछेंगे मैं इसे कैसे कर सकता हूं तो आपका दिमाग अब आइडिया खोजने लगेगा आखिरकार इसे कैसे किया जा सकता है

4. आप कितनी भी बड़ी मुसीबत में फस जाए अपने आप से लगातार सवाल पूछते रहे मैं क्या कर सकता हूं मैं यहां से निकलने के लिए क्या कर सकता हूं मैं अगला कार्य क्या करूं इसके के बाद मुझे क्या करना चाहिए

5. आप अपना माइंड सेट बदल कर अपना जीवन बदल सकते हैं (माइंडसेट = लाइफ सेट)

6. बचपन से हमारे दिमाग का जैसा प्रोग्रामिंग हुआ है हमें परिस्थितिया वैसे ही दिखती हैं अपने सारे नकारात्मक प्रोग्रामिंग को तोड़ डालें आपके लिए कुछ भी करना असंभव नहीं है आप सब कुछ कर सकते हैं आप जो चाहते हैं उसे प्राप्त कर सकते हैं क्योंकि आपके जैसे इंसान ने ही वह कार्य किया है जो आप करना चाहते हैं

7. ....आपने आज जो कुछ भी सीखा उसे नोट करें

कार्य योजना (एक्शन प्लान)

1. सकारात्मक लोगों के साथ ही रहे
2. अच्छी-अच्छी सकारात्मक किताबें पढ़ें
3. हर परिस्थितियों में अच्छा खोजने की कोशिश करें
4. हमेशा सकारात्मक सोच हमेशा सकारात्मक बोले
5. अपने वर्तमान का मजा लीजिए और इसे सुधारने पर अपना ध्यान दीजिए भविष्य की चिंता न कीजिए
6. आपके दिमाग में अनलिमिटेड पावर है इसका उपयोग करें अपने दिमाग से हमेशा खुले प्रश्न पूछे जिससे आपका दिमाग खुलेगा और नए-नए रास्ते निकालेगा

सकारात्मक और बड़ा सोच आपकी सफलता का हथियार है

आप अपना केवल सोच बदलकर और इसे सकारात्मक बनाकर अपना पूरा जीवन बदल सकते हैं जब आप हमेशा सकारात्मक और बड़ा सोचने लगते हैं तो आपके कार्य अपने आप बड़ा और सकारात्मक होने लगते हैं और जब आपके कार्य बड़ा और सकारात्मक हो जाते हैं तो यह कार्य आपको बहुत बड़ा सफलता और बहुत बड़ा परिणाम उत्पन्न करके देता है हम सभी लोग अपना परिणाम बदलना चाहते हैं हम सभी लोग संफलता चाहते हैं लेकिन इसके लिए पहले आपको अपनी सोच बदलनी पड़ेगी और यह आपके हाथ में है कि आप कैसा सोचेंगे आप सकारात्मक

सोचेंगे आप नकारात्मक सोचेंगे आप बाडा सोचेंगे आप छोटा सोचेंगे यह आपके हाथ में है और इसे आपसे कोई नहीं छीन सकता है तो आपको हमेशा सकारात्मक सोचनी चाहिए और खुश रहनी चाहिए आप जब सकारात्मक सोचने लगते हैं खुश रहने लगते हैं तो आपका दिमाग अपने आप सकारात्मक हो जाता है और सकारात्मक दिमाग से आप सकारात्मक कार्य कर सकते हैं और जब आप सकारात्मक कार्य कर देते हैं तो आपको सकारात्मक परिणाम(रिजल्ट, सफलता) अपने आप प्राप्त हो जाती है

1. सबसे पहले बदले अपनी सोच
2. आपका सोच आपके कार्य को अपने आप बदल देगा
3. और जब आपका कार्य बदल जाएगा तो आपका परिणाम अपने आप बदल जाएगा

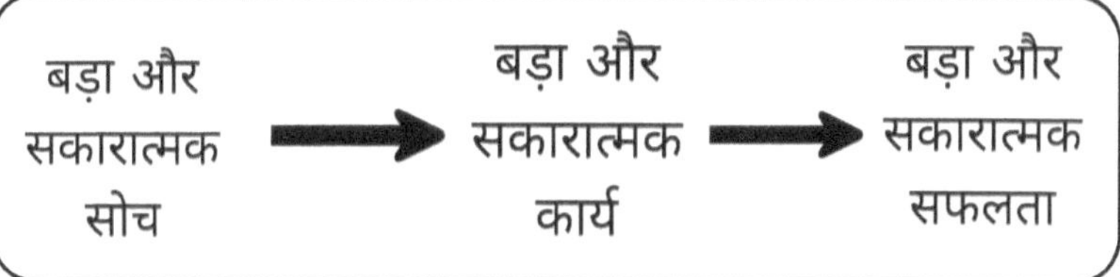

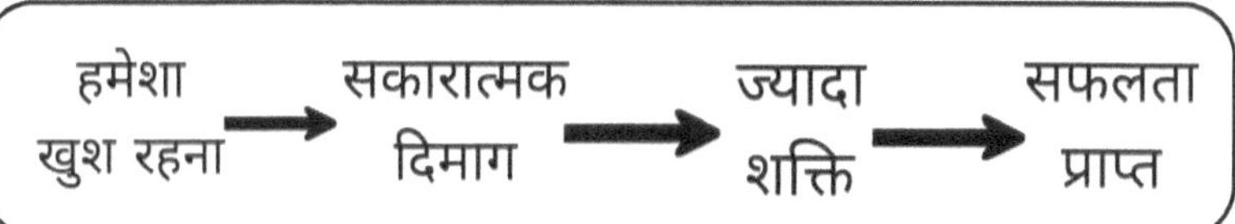

26वें दिन की सिख:-

1. यदि आप अपना परिणाम बदलना चाहते हैं तो सबसे पहले अपना विचार बदलना शुरू करें और यह सबसे आसान कार्य है यह आपके हाथ में है किसी और के हाथ में नहीं
2. आप अपना विचार बदलकर अपना जीवन बदल सकते हैं

3. सफलता की इंतजार ना करें सफलता प्राप्त करने से पहले आप खुश रहना सीखें क्योंकि ज्यादा आप खुश रहेंगे तो आप ज्यादा सकारात्मक रहेंगे और सकारात्मक दिमाग ज्यादा शक्ति प्रदान करेगा और इसकी मदद से आप सफलता प्राप्त कर पाएंगे

कार्य योजना(एक्शन प्लान)

1. सकारात्मक दोस्तों के साथ रहे, सकारात्मक बातें करें सकारात्मक सोचें,
2. अच्छे गाने सुने जो आपको सकारात्मक से भर दे आप डांस भी कर सकते हैं आपको कभी-कभी कुछ खेलें
3. अच्छी नींद ले
4. हर एक चीज के लिए ईश्वर का कृतज्ञ रहे और धन्यवाद दें कोई भी व्यक्ति अगर आपकी थोड़ा सा भी मदद करता है तो उसे धन्यवाद दें
5. खुद से प्यार करें, सभी लोगों से प्यार करें और उनकी मदद करें
6. ध्यान करें, योगा करें
7. ईश्वर के लिए समय निकाले, ईश्वर को धन्यवाद दें
8. बच्चों के साथ खेले, कोई खेल खेलें
9. घूमने के लिए बाहर जाएं, पहाड़ों पर चढ़े जिंदगी में हमेशा खुश रहे जिंदगी का हमेशा मजा लेते रहे
10. अगर आपको सफल होना है तो आपको सफल विचार चाहिए और वह विचार आपके सफल लोगों के साथ रहने से ही मिलेगी इसके लिए मैंने आपको एक त्रिभुज दिया था उसका उपयोग करते रहें:-

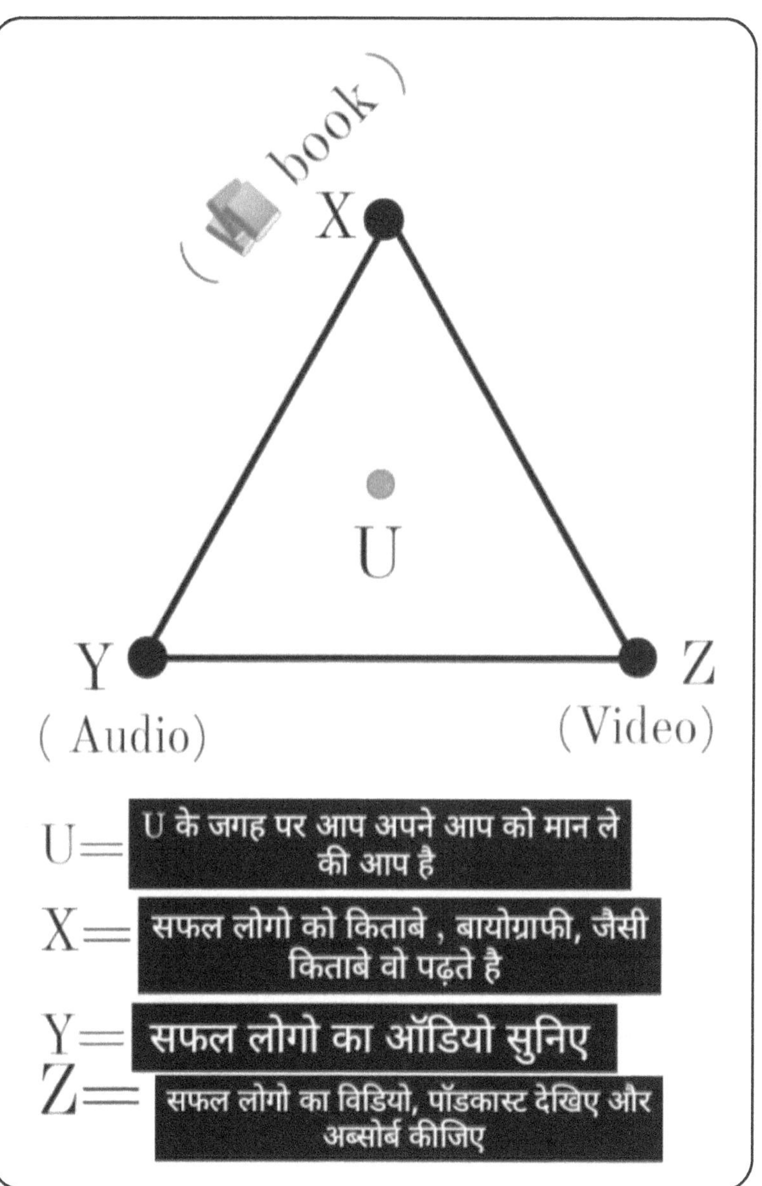
book
X
U
Y
(Audio)
Z
(Video)
U= U के जगह पर आप अपने आप को मान ले की आप है
X= सफल लोगो को किताबे , बायोग्राफी, जैसी किताबे वो पढ़ते है
Y= सफल लोगो का ऑडियो सुनिए
Z= सफल लोगो का विडियो, पॉडकास्ट देखिए और अब्सोर्ब कीजिए

बड़ी सफलता के लिए आपको धैर्य रखना पड़ेगा

अगर आप ध्यान से इस पूरे ब्रह्मांड को देखें और समझने की कोशिश करें तो यह पूरा ब्रह्मांड धैर्य के नियम पर कार्य करता है और धैर्य के साथ ही अपना हर एक कार्य को करता है जब एक किसान अपने खेतों में एक छोटी सी बीज को लगाता है तो उसे छोटे से बीज को भी धैर्य रखना पड़ती है एक बड़े से विशाल वृक्ष बनने से पहले ऐसा होता आप कभी भी नहीं देखेंगे की एक बीज को बोया गया और वह सुबह ही बहुत बड़ा सा विशाल वृक्ष बन गया हो वृक्ष को बनने में वर्षों समय लग जाते हैं और पूरा प्रकृति धैर्य रखें रहती है लेकिन आज के समय बहुत सारे लोगों के अंदर धैर्य थोड़ा सा भी नहीं बची है बहुत सारे लोग सफल होना चाहते हैं लेकिन उनको सफलता नूडल्स की तरह बस 2 मिनट में चाहिए लेकिन वास्तविक दुनिया में ऐसा कभी नहीं होता है आपको धैर्य रखनी पड़ेगी अगर आपको सफलता चाहिए और धैर्य के साथ

आपको वर्षों लगातार अपनी सफलता के लिए मेहनत करनी पड़ेगी तब जाकर आपको सफलता प्राप्त होगी अगर आपको बहुत बड़ी सफलता चाहिए तो आपको धैर्य रखनी पड़ेगी और लगातार मेहनत करनी पड़ेगी केवल मेहनत नहीं लगातार मेहनत

(धैर्य रखने का अर्थ यह नहीं है कि आप बैठे रहे और बोले कि मैंने धैर्य रख लिया है सफलता के लिए धैर्य का अर्थ यह है कि आप लगातार मेहनत करें सफलता मिले या असफलता लगातार मेहनत होनी चाहिए)

27वें दिन की सिख

1. आप धैर्य के साथ लगे रहें और लगातार मेहनत करते रहें आपको सफलता मिले या असफलता आप अपना कार्य करना बंद ना करें आप एक कर्म योगी की तरह कर्म करते रहें
2. कर्मयोगी बने और धैर्य रखें
3. यह पूरा ब्रह्मांड और प्रकृति धैर्य के नियम पर कार्य करती है
4. आपको जितनी बड़ी सफलता चाहिए आपको इतना धैर्य रखना पड़ेगा

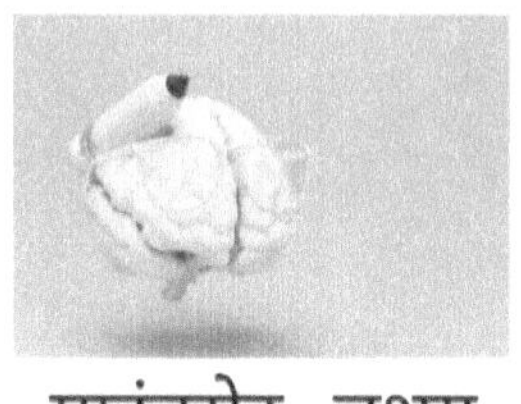

कार्य योजना(एक्शन प्लान)

1. आप जो भी कर रहे हैं उसे लगातार करते रहें आपको सफलता मिले या सफलता क्योंकि सफलता और असफलता आपके हाथों में नहीं है आपके हाथों में केवल अपना कर्म करना है इसलिए आप अपने कर्म को सुधारे और धैर्य के साथ लगे रहे लगातार मेहनत करते रहे सफलता आपको ही प्राप्त होगी

खुद के ऊपर विश्वास करना सीखें

जब तक आप खुद पर विश्वास करना नहीं सीखेंगे और खुद पर विश्वास नहीं करेंगे कि आप सफल हो सकते हैं तो आप सफल नहीं हो पाएंगे सफल होने से पहले अमीर बनने से पहले आपको खुद पर विश्वास करना पड़ेगा कि आप सफल और अमीर इंसान बन सकते हैं

अगर आपको खुद के ऊपर विश्वास है कि आप सफल हो जाएंगे तो आप अवश्य सफल होंगे लेकिन अगर आपको विश्वास है कि आप असफल होंगे तो आप अवश्य असफल होंगे आपको खुद के ऊपर विश्वास रखना पड़ेगा उसके बाद दुनिया आप ऊपर विश्वास रखेगी

आपको सफल होने के लिए तीन जगह पर विश्वास रखना पड़ेगा

1. सबसे पहले आप खुद के ऊपर विश्वास करना सीखें खुद के ऊपर विश्वास करें कि आप भी सफल हो सकते हैं क्योंकि

इस धरती पर अगर कोई भी इंसान सफल हुआ है इसका अर्थ यह है कि आप भी सफल हो सकते हैं बस आप दोनों में यही अंतर है कि उसे पता है कैसे सफल होना है और आपको यह पता नहीं है स्पष्ट नहीं है कि कैसे सफल होना है लेकिन आपको यह विश्वास होना चाहिए कि हां सफलता प्राप्त की जा सकती है

2. आपको अपने कार्य पर विश्वास रखना चाहिए आप ध्यान से अपने कार्य को देखें और समझने की कोशिश करें क्या आप जो कार्य कर रहे हैं उस कार्य को करके आपके जैसे लोग सफलता प्राप्त किए हैं अगर हां तो आप भी इस कार्य को करके सफलता प्राप्त कर सकते हैं

3. आप ईश्वर पर विश्वास रखना सीखे क्योंकि ईश्वर आपके साथ कभी भी धोखा नहीं करेंगे

28वें दिन की सिख

1. खुद के ऊपर विश्वास करना सीखें
2. अगर आप खुद पर विश्वास रखेंगे तो आप पूरी दुनिया जीत सकते हैं
3. कुछ भी प्राप्त करने से पहले अपने ऊपर विश्वास करना सीखे कि आप उसे प्राप्त कर सकते हैं

कार्य योजना(एक्शन प्लान)

1. आप छोटे-छोटे कार्य को पूरा करना सीखिए जिससे आपको खुद के ऊपर विश्वास होगा
2. जब ज्ञान बढ़ता है तो खुद के ऊपर विश्वास अपने आप बढ़ने लगता है इसलिए आप जिस भी क्षेत्र में आगे बढ़ना चाहते हैं उस क्षेत्र के सफल और महान लोगों से सीखें और अपना ज्ञान बढ़ाएं जैसे-जैसे आपका ज्ञान बढ़ेगा आप अपने आप खुद के ऊपर विश्वास करने लगेंगे

3. खुद को यह विश्वास दिलाने के लिए कि आप भी सफल हो सकते हैं इसके लिए आप उन लोगों का लिस्ट तैयार करें जो आपसे बहुत ज्यादा असफल थे आपसे भी ज्यादा गरीब थे आपसे भी ज्यादा असफल थे जिनका जीवन स्तर आपसे भी नीचा था लेकिन उन्होंने अपने मेहनत के बल पर बहुत बड़ी सफलता प्राप्त की वैसे लोगों को पढ़ें जिन्होंने नीचे से ऊपर असफलता से सफलता गरीबी से अमीरी तक का यात्रा तय किया इससे आपको भी खुद के ऊपर विश्वास होगा कि अगर यह कर सकता है तो मैं भी कर सकता हूं

4. खुद के ऊपर विश्वास बढ़ाने के लिए आप छोटे-छोटे कार्य को बहुत ही अच्छे तरीके से करें 5 से 10 कार्यों का लिस्ट तैयार करें जिसे आप पहले अच्छे से नहीं करते थे लेकिन आज के बाद उसे बहुत ही अच्छे तरीके से करेंगे

नजरिया (एटीट्यूड) राजा बनने से पहले अपनी नजरिया राजा की तरह रखें

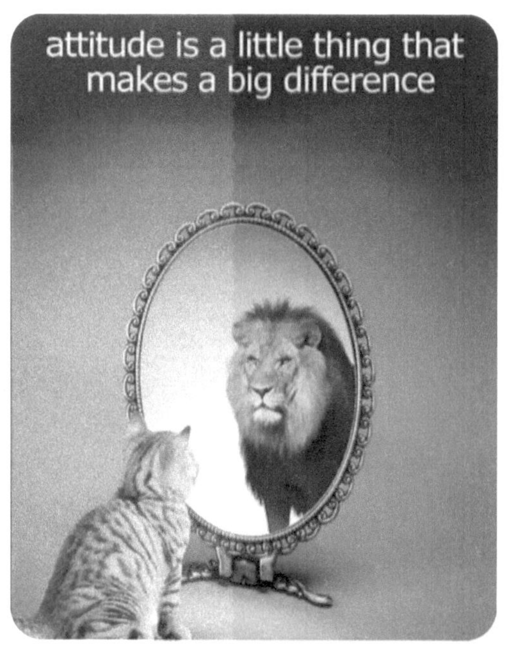

इंसान अपना नजरिया बदल कर अपना पूरा जीवन बदल सकता है किसी भी परिस्थितियों को देखने का हमारा नजरिया ही यह तय करता है कि हम अपने जीवन में क्या हासिल करेंगे नजरिया का अर्थ है किसी भी परिस्थिति को देखने का हमारा तरीका नजरिया दो तरह के होते हैं सकारात्मक और नकारात्मक इस सिद्धांत 6 में हमने अच्छी तरह से समझ लिया है इसे अब दोबारा पढ़ सकते हैं

(किसी भी व्यक्ति के सफलता उसके एटीट्यूड और माइंडसेट पर 85% निर्भर करती है) राजा बनने से पहले अपना एटीट्यूड राजा की तरह रखें सफल होने से पहले अपना एटीट्यूड सफल लोगों के जैसा करें

29 वें दिन की सिख (डे 29 लर्निंग)

1. हर परिस्थितियों में अच्छा खोजें
2. जैसा आप बनना चाहते हैं वैसा महसूस करें सोचे कि आप बन गए हैं अपना पूरा एटीट्यूड उसी की तरह बदलने

कार्य योजना(एक्शन प्लान)

1. किताबें पढ़ें

अब एक साथ सभी

आपने अभी तक लगातार 29 दिनों तक इस किताब को पढ़ा आज आपका 30वा दिन है इसके लिए आपको बहुत-बहुत धन्यवाद आपने इस किताब को पूरी तरह से कंप्लीट कर लिया है अब जल्दी से हमने 29 दिनों के अंदर जो कुछ भी सीखा है इसका सारांश देखते हैं

1. तो पहले दिन आपने यह सीखा कि आप जितना ज्यादा मेहनत करेंगे आप जितना ज्यादा आगे बढ़ेंगे आपका उतना ज्यादा विरोध होगा और जितना ज्यादा विरोध होगा आपको सफलता उतनी ज्यादा मिलेगी
2. दूसरे दिन हमने जिंदगी बदलने वाले त्रिभुज के ऊपर चर्चा की
3. तीसरे दिन हमने डिग्री और स्किल के ऊपर बातें की कौन हमारे जीवन के लिए आवश्यक है
4. चौथे दिन हमने सेल्स के ऊपर चर्चा किये

5. पांचवा दिन हमने मार्केटिंग के बारे में सीखा

6. एक ईमानदार लीडर की आवश्यकता हर एक जगह पर है

7. दुनिया के सभी सफल और महान लोग टीमवर्क में विश्वास रखते हैं क्योंकि वह यह बात अच्छी तरह से समझते हैं कि वह अकेले सारे कार्य को नहीं कर सकते

8. कम्युनिकेशन स्किल हम सभी के लिए जरूरी है चाहे हम कुछ भी करें

9. स्कूल कॉलेज आपको जिंदगी की असली शिक्षा नहीं देती है

10. पैसा कमाना कोई बड़ी बात नहीं है इसे बचाना और इसे अच्छी जगह पर निवेश करना पैसे कमाने से बहुत बड़ी है

करोड़ों डॉलर की बात आसान शब्दों में:-

सैलरी, पैसा => निवेश के बारे में सीखना => रिसर्च करना => अपने पैसे को निवेश करना

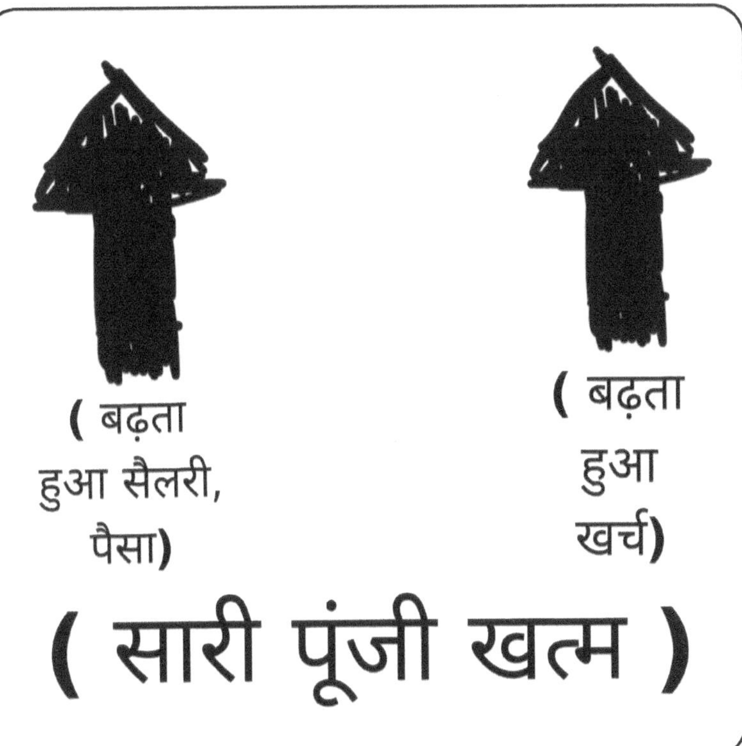

(बढ़ता हुआ सैलरी, पैसा)
(बढ़ता हुआ खर्च)
(सारी पूंजी खत्म)

सरकार ने असली पैसे को नकली पैसे में बदल दिया
(असली)
(नकली)

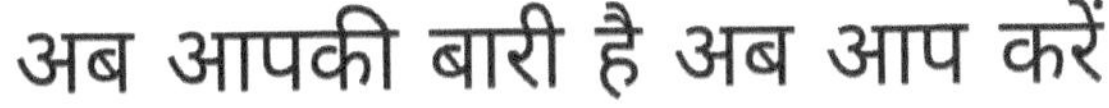
अब आपकी बारी है अब आप करें

(नकली)
कागज
का नोट
(असली)
सोना चांदी,
जमीन,निवेश

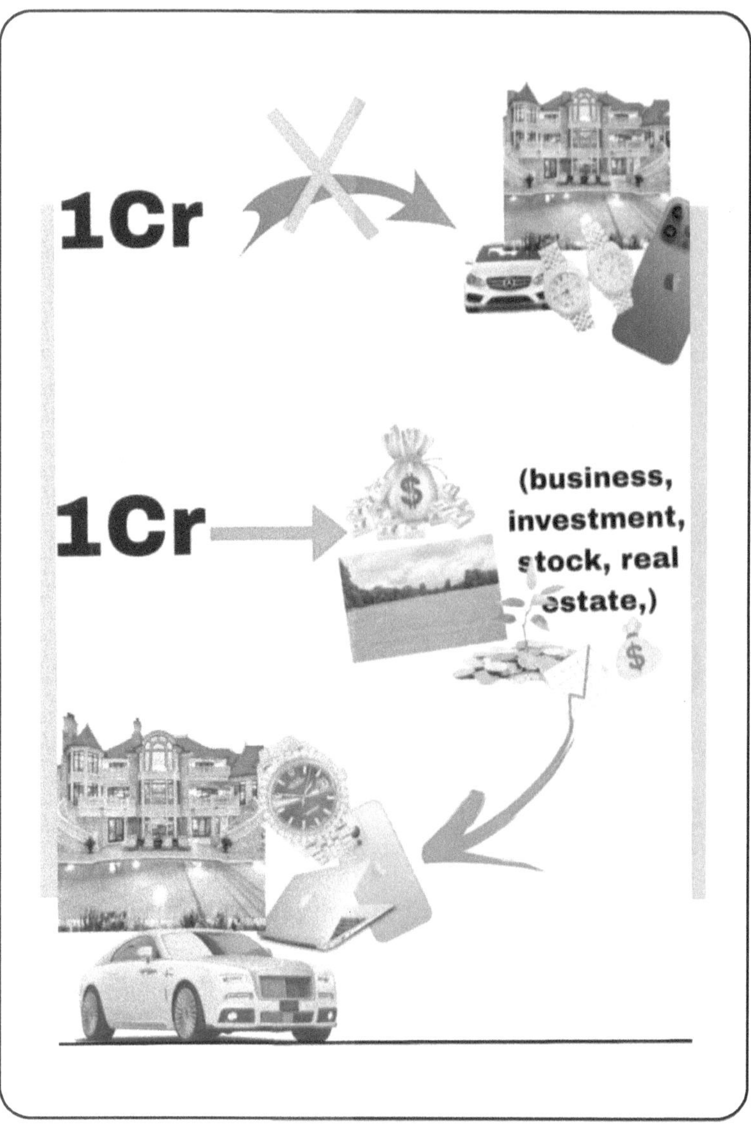
1Cr
1Cr
(business,
investment,
stock, real
estate,)

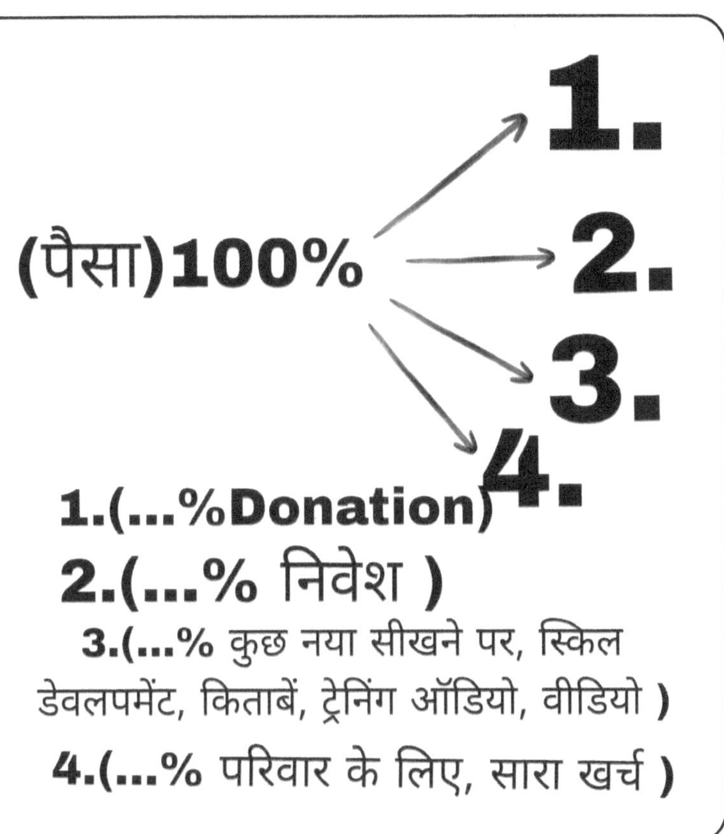

11. पैसे से कोई अमीर नहीं बनता है
12. पब्लिक स्पीकिंग हर एक सफल लीडर के अंदर होनी चाहिए
13. सबसे पहले खुद को मैनेज कीजिए उसके बाद दुनिया को
14. आप सोशल मीडिया का अच्छी तरह से उपयोग कीजिए खुद के विकास के लिए कुछ नया सीखने के लिए अपना बिजनेस बढ़ाने के लिए पैसा कमाने के लिए
15. लोगों से अच्छा रिश्ता बनाएं लोगों को समझे लोगों की मदद करें

16. सफल लोगों के साथ अपना नेटवर्क बनाएं उनसे दोस्ती करें

17. लोगों को समझना बहुत ज्यादा जरूरी है क्योंकि जब आप लोगों को समझ जाएंगे तब आप उनके साथ बिजनेस कर सकते हैं तब आप उनके साथ शादी कर सकते हैं तब आप उनको अपने टीम में रख सकते हैं तभी आप उनके साथ दोस्ती कर सकते हैं इसलिए लोगों के साइकोलॉजी को समझें

18. खुद का पर्सनल ब्रांड बनाइये खुद की पहचान बनाइये

19. …………

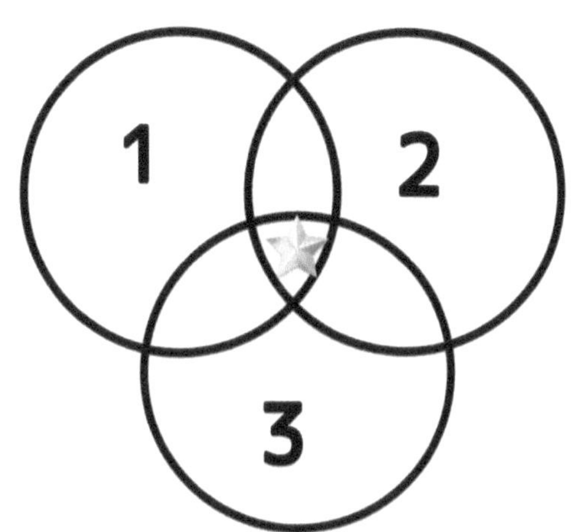

1.मैं जानता हूं इसे कैसे करना है

2.मैं इस कार्य को बहुत ज्यादा पसंद करता हूं मुझे यह करने में बहुत मजा आता है

3. लोगों को इस कार्य की जरूरत है यहां से लोगों की समस्याओं का समाधान हो रहा है उनकी मदद हो पा रही है

 **:-** यही मेरा करियर विकल्प है

20. डायरेक्ट सेलिंग बिजनेस आपको वास्तविक दुनिया का शिक्षा देता है यह इस दुनिया का बिजनेस स्कूल है

21. जैसा आप कर्म करेंगे वैसा आपको फल मिलेगा

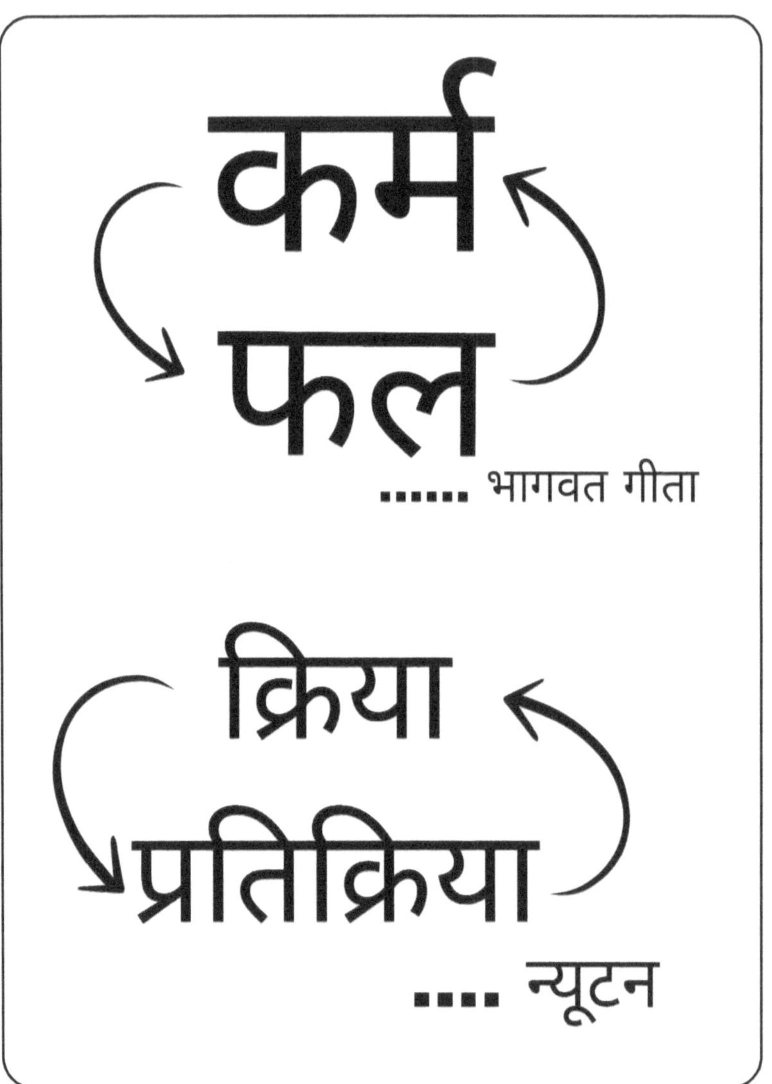

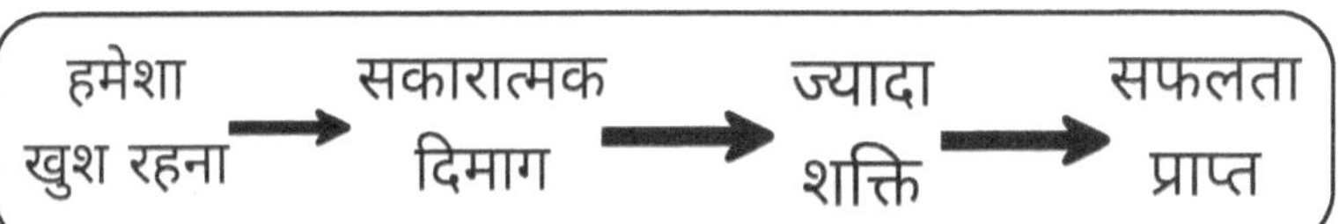

22. (22से -30दिन)...

कर्म/क्रिया ⟶ फल/प्रतिक्रिया
10% ⟶ 10 %
100% ⟶ 100%

हमेशा खुश रहना ⟶ सकारात्मक दिमाग ⟶ ज्यादा शक्ति ⟶ सफलता प्राप्त

बड़ा और सकारात्मक सोच ⟶ बड़ा और सकारात्मक कार्य ⟶ बड़ा और सकारात्मक सफलता

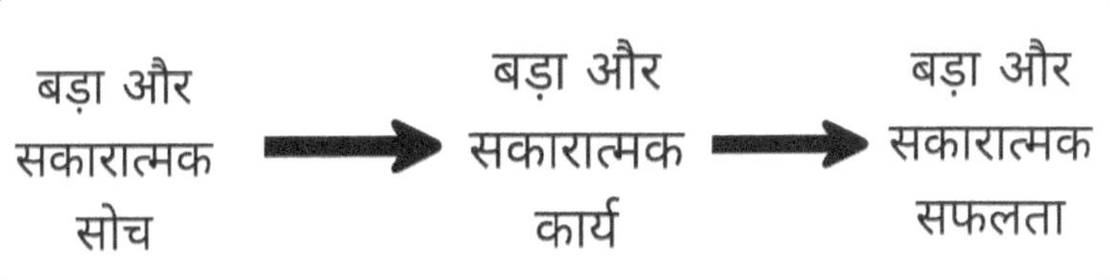

अच्छी आदतें = अच्छा जीवन
ख़राब अदतें = ख़राब जीवन

change one day=>one week=>one month=>1 year=change your life

1. family 
2. financial
3. personal
4. physical
5. spiritual,
6. mental

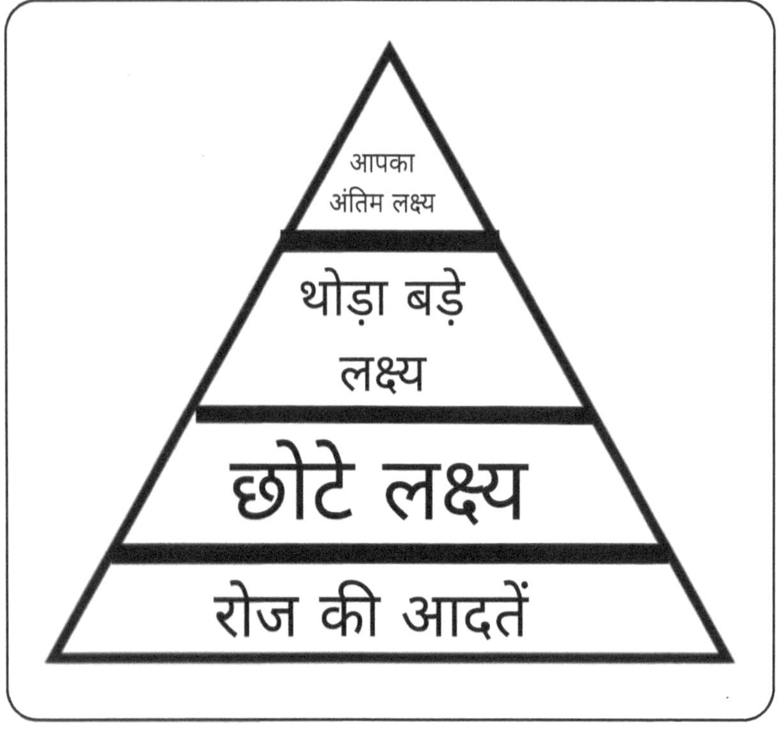
आपका
अंतिम लक्ष्य
थोड़ा बड़े
लक्ष्य
छोटे लक्ष्य
रोज की आदतें

लक्ष्य की स्थापना

किसी दिन का लक्ष्य

वह कौन सी चीज है जो मैं किसी दिन करना चाहता हूँ?

5 साल का लक्ष्य

अपने किसी दिन के लक्ष्य के आधार पर, अगले **5** वर्षों में मैं क्या कर सकता हूँ?

1 वर्ष का लक्ष्य

मेरे **5** साल के लक्ष्य के आधार पर, इस साल में क्या कर सकता हूँ?

मासिक लक्ष्य

मेरे एक साल के लक्ष्य के आधार पर, इस महीने में क्या कर सकता हूँ?

साप्ताहिक लक्ष्य

अपने मासिक लक्ष्य के आधार पर, इस सप्ताह में क्या कर सकता हूँ?

दैनिक लक्ष्य

अपने साप्ताहिक लक्ष्य के आधार पर, आज मैं क्या कर सकता हूँ?

अभी

अपने दैनिक लक्ष्य के आधार पर, वह एक काम क्या है जो मैं अभी कर सकता हूँ?

अमीर व्यक्ति=
आमिर आदतें,
आमिर माइंडसेट,
अमीर कौशल,
आमिर सोच

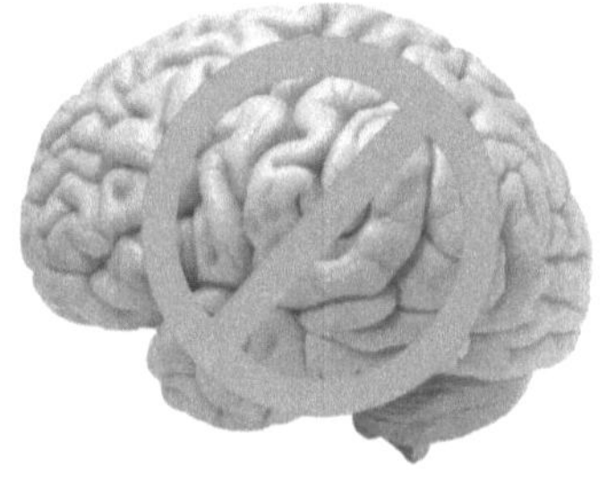
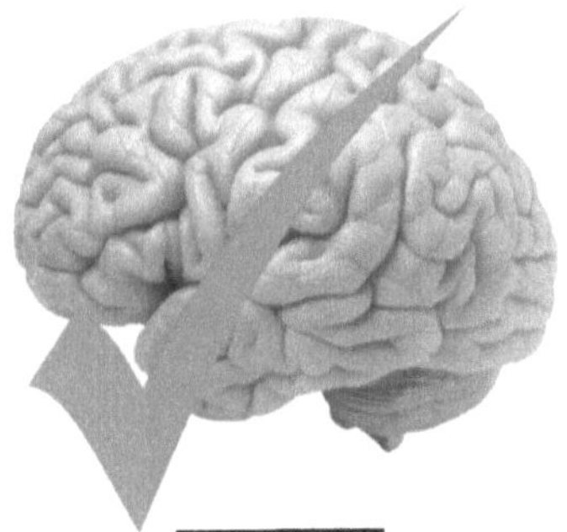
स्पष्ट दिमाग शक्ति देता है
अस्पष्ट दिमाग
स्पष्ट दिमाग

कर्मण्येवाधिकारस्ते मा फलेषु कदाचन।
मा कर्मफलहेतुर्भूर्मा ते सङ्गोऽस्त्वकर्मणि।।

(द्वितीय अध्याय, श्लोक 47, श्रीमद्भगवद्गीता)

भावार्थ:

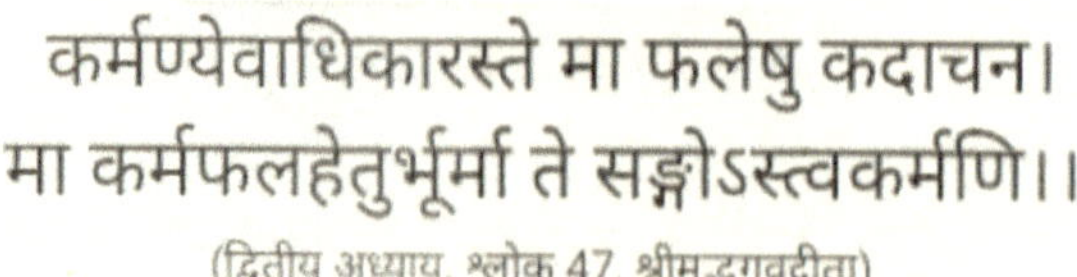

कर्म पर ही तुम्हारा अधिकार है,
लेकिन कर्म के फलों में कभी नहीं.
इसलिए कर्म को फल के लिए मत करो
और न ही काम करने में तुम्हारी आसक्ति हो

इंसान को केवल दो चीज की आवश्यकता है:-

50% आध्यात्मिक, मानसिक **+ 50%** शारीरिक ज़रूरतें = सफल जीवन

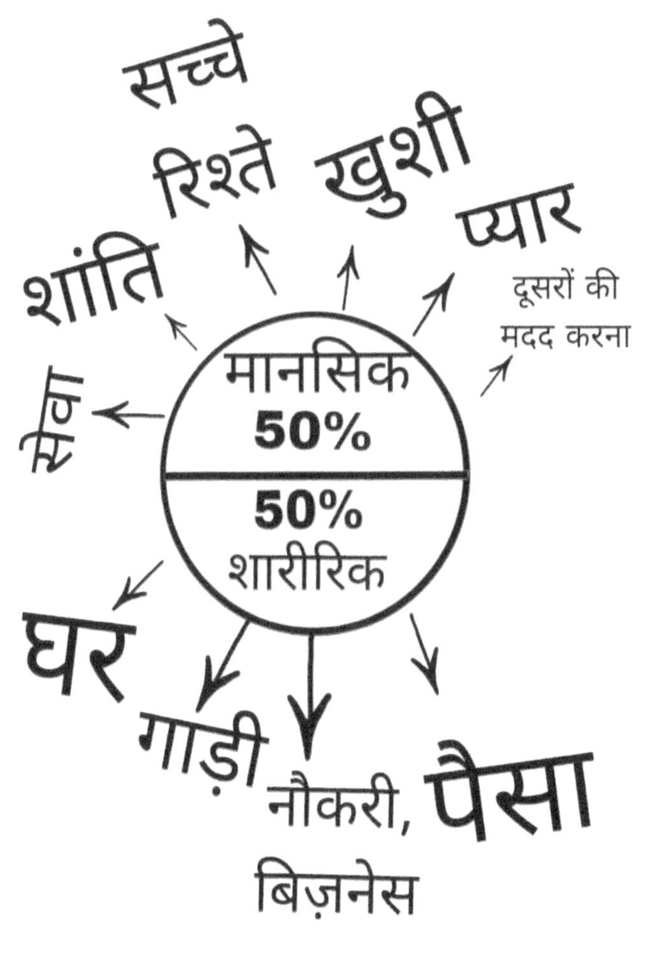

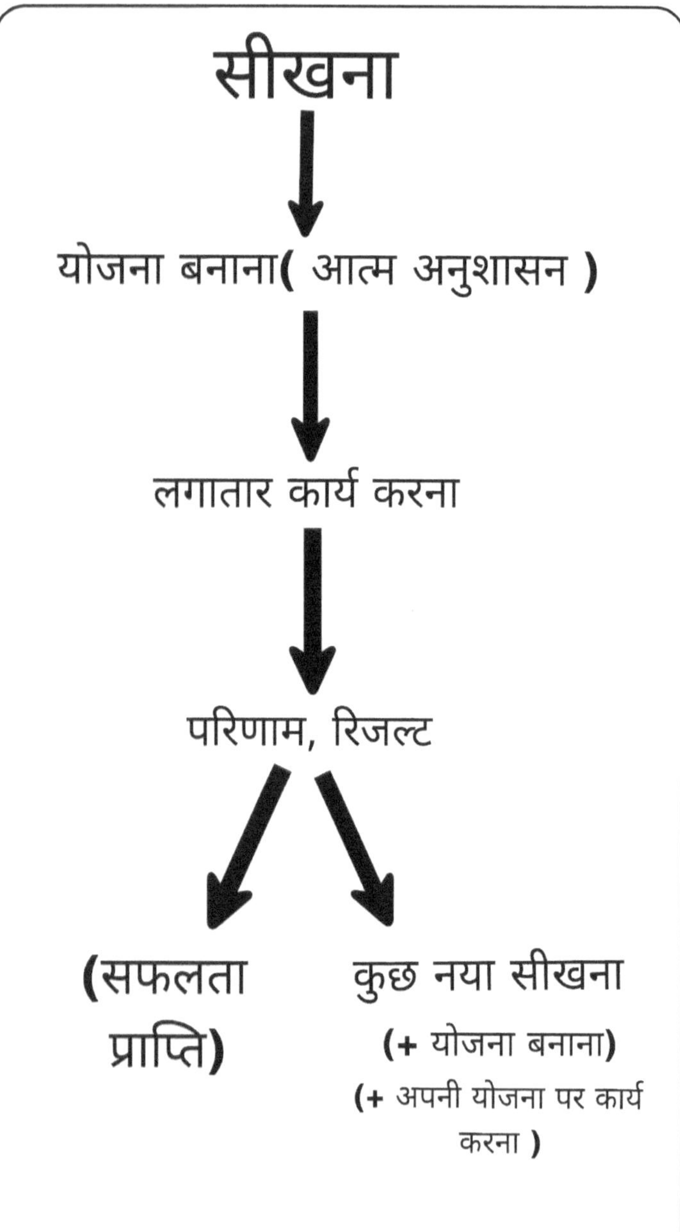

सीखना
योजना बनाना(आत्म अनुशासन)
लगातार कार्य करना
परिणाम, रिजल्ट
(सफलता प्राप्ति)
कुछ नया सीखना
(+ योजना बनाना)
(+ अपनी योजना पर कार्य करना)

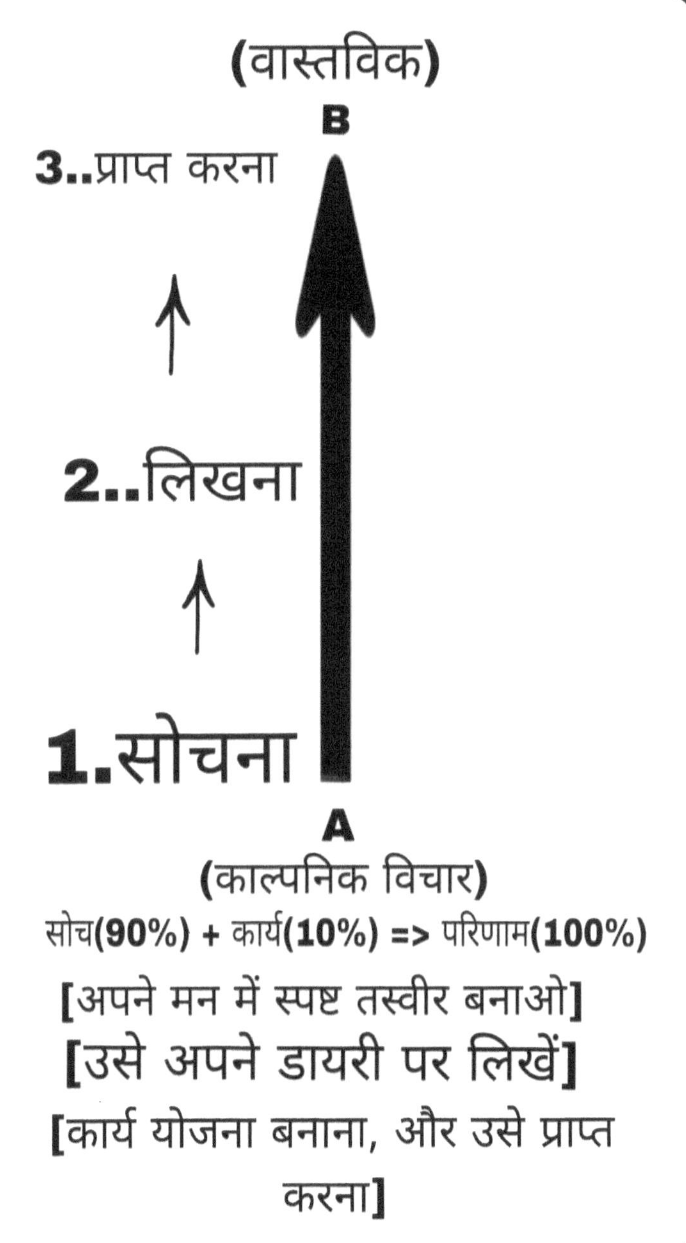
(वास्तविक)
B
3..प्राप्त करना
2..लिखना
1.सोचना
A
(काल्पनिक विचार)
सोच(90%) + कार्य(10%) => परिणाम(100%)
[अपने मन में स्पष्ट तस्वीर बनाओ]
[उसे अपने डायरी पर लिखें]
[कार्य योजना बनाना, और उसे प्राप्त करना]

user
mindset

creator
mindset

आप मुझ से इंस्टाग्राम पर बातें कर सकते हैं और
मेरे वीडियो और पोस्ट के मदद से आप सेल्फ डेवलपमेंट,
इन्वेस्टमेंट, बिजनेस लाइफ, गोल सेटिंग,
टाइम मैनेजमेंट, माइंडसेट, माइंड प्रोग्रामिंग,
नई आदत बनाना, पैसे के बारे में और भी बहुत कुछ
सीख सकते हैं

 - Shaurya_singh7739

 - 7739016453

 - shauryasingh71387@gmail.com